赤ずきんとオオカミの
トラウマ・ケア

自分を愛する力を取り戻す[心理教育]の本

白川美也子

アスク・ヒューマン・ケア

イラスト・表紙デザイン：森のくじら

まえがき

この本の特徴と目的

　本書は、トラウマ支援に関わる人、そして当事者や家族を対象に書きました。

　トラウマとは、心的外傷——すなわち心に受けた傷のことをいいます。犯罪被害や交通事故など一度の打撃による傷もあれば、子ども虐待やドメスティック・バイオレンス（DV）など繰り返される慢性的な傷つきもあります。こうしたさまざまなタイプのトラウマは、心身、そして対人行動にも影響を与え、その人の人生を困難にします。

　トラウマの受傷は、生きていれば誰にでも起こり得ることです。

　ですから精神科に限らず、一般医療・保健・福祉・教育・司法・更生・災害支援など非常に幅広い領域のスタッフや関係者が、トラウマを抱えた当事者に出会う可能性があります。虐待・DV・犯罪被害者はもちろん、加害者の背景にトラウマがあることもしばしばです。施設や学校などで子どもに関わるスタッフにとっても、トラウマの問題は避けて通れません。

　トラウマはどんなもので、どう対処すればよいのかを知った上で関わることによって、支援の質は著しく向上します。

　米国の薬物乱用・精神衛生管理庁（SAMHSA）のサイト（※）では、トップページに「トラウマ・インフォームド・アプローチ」を大きく掲げています。この概念は、①トラウマの多岐にわたる影響と回復の可能性を理解する　②クライエント・家族・スタッフ・その他関係者におけ

※ http://www.samhsa.gov/nctic/trauma-interventions （2016.2 現在）

るトラウマのサインや兆候に気づく　③トラウマの知識を政策・手続き・慣行に至るまで支援分野にいきわたらせる　④再トラウマ化を防ぐ手立てを探す　から成っています。その基本は、**①安全　②信頼性と透明性　③ピアサポート　④恊働と相互性　⑤エンパワメント、意見表明と選択　⑥文化・歴史・ジェンダーの問題**、です（※）。

　しかし各専門領域の先駆者の努力にもかかわらず、これらの当たり前なほどシンプルな基本を実現するための具体的ノウハウは、まだ意外なほど知られていません。中でも、当事者が日常生活の中で回復していくための支援に役立つテキストがあまりないのです。

　本書は世界的に認識され始めている「トラウマ・インフォームド・アプローチ」の基本をおさえた上で、私の臨床体験をもとに物語形式のテキストを創作し、クライエントへの心理教育に使うことができるように書き上げたものです。上記の6原則をわかりやすい形で上手に伝えるには、物語形式が一番であると考えたからです。

　主人公の「赤ずきん」は、かつて被害者であった女の子が、自助的活動のなかで成長し、長じて支援者になった女性として描かれています。副主人公の「オオカミさん」は、複雑トラウマを受けて加害者となっていたけれど、赤ずきんちゃんとの出会いで支援に向かいます。この2人が軸になって描き出される人物群のなかに、ピア・サポートやコミュニティ、回復や成長など、単なる技法論のみでは語りきれないものをこめました。

　わかりやすく、体感で学んでほしい。これがどんな方たちに教える時でも私がいつも願うことです。

※兵庫県こころのケアセンターのサイトで日本語訳が読めます。
http://www.j-hits.org/child/index4.html#no1　（2019.3現在）

この本の構造

　トラウマからの回復は、重症例をのぞけば「心理教育」「セルフケア」「スキルの構築」の三本柱で可能です。
- トラウマとは何か、それがどう現在に影響するかを知る
- 自分を大切にするセルフケアの方法を身につける
- 生きていくための多様なスキル（感情表現や人間関係など）を身につける

　しかし、先にもあげたようにトラウマの形はさまざまで、その現われはひとくくりにできません。この３つのことを上手に伝えるためには、適切な順番があります。この本においては、第１章「トラウマを受けた人に伝えたい７つのこと」では単回性のトラウマ（１度だけ起きた体験によるトラウマ）を中心にトラウマによる症状とその回復を説明し、第２章「慢性的なトラウマが引き起こす症状」では虐待やDVなどによる複雑トラウマ（慢性的に起きているトラウマ）による症状を扱います。第３章「トラウマからの回復　７つのステップ」では複雑トラウマからの回復、第４章「災害トラウマの特徴と身体からのアプローチ」では災害トラウマについて書きました。

　ここまでは、支援者が心理教育の素材として使うこともできますし、当事者が自分で読んで自己理解を深めたり、家族やセラピストと読むことでお互いの共通認識を作るためにも役立ちます。実際に、本書のもととなった季刊誌『Be！』の連載を読んでずいぶん症状が軽快した、という声を複数聞いています。物語は、登場人物にさまざまな形で感情移入をすることで、回復に必要な疑似体験ができるツールなのです。

　最後の第５章「支援者が知っておきたい大切なこと」は、トラウマ支援のなかで、トラウマを受けた人と安全に関わりながら、その人の回復を促進していくために必要なことをまとめました。ご活用ください。

まえがき……3

1章　トラウマを受けた人に伝えたい7つのこと……11

❶トラウマ記憶は「冷凍保存記憶」……12
　・赤ずきんとオオカミ
　・セピア色にならない

❷フラッシュバックという症状……15
　・氷がとけるとき
　・トラウマ後の3つの主な症状

❸「過去の傷」を治すのではない
　「傷に影響を受ける今」を変える……18
　・症状だと気づく
　・「3つのF」
　・もっと楽に

❹「今・ここ」を豊かにする……22
　・大きな過去と小さな今
　・安全感をインストール

　　ワーク《セーフ・プレース・エクササイズ》……24

❺語ることの意味……25
　・安全・安心の中での再体験
　・気持ちに名前をつける

❻「助けて」って言えてますか？……28
　・ひとりぼっちだった
　・「再演注意！」
　・つながりは一歩ずつ

❼未来の安全を確保する……30
　・回復はらせん階段
　・再発に備える
　・自由を手にして

2章　慢性的なトラウマが引き起こす症状……33

❶ オオカミさんどうしたの？……34
- ・おうちを壊した理由
- ・異常が日常になってしまうと
- ・コントロールできない
- ・道を照らすヒント

❷ DESNOS を読みとく……39
- ・感情に何が起きるか
- ・自分を傷つけてしまう理由
- ・安定した飛び方を学ぶ
- ・記憶のコントロール
- ・多重人格と「超」多重人格
- ・身体の自然なコントロールができない
- ・自分と相手
- ・生きている意味
- ・嗜癖のこと

❸ 私は誰？……48

3章　トラウマからの回復　7つのステップ……49

この章は ……50
プロローグ　オオカミさん、赤ずきんと会う……52
ステップ①　思い出すかどうか選ぶのは自分……53
　　　　　　──記憶想起の過程の主体者になる
ステップ②　あのときの痛みを語る──記憶と感情の統合……57
ステップ③　自分の気持ちが受けとめられる──感情耐性……60
ステップ④　「引き金」に気づく──症状統御……63
ステップ⑤　大切な自分の価値を認める ……66
　　　　　　──自己尊重感とまとまりのある自己感
ステップ⑥　関係を育てる──安全な愛着……69
ステップ⑦　人生という物語──意味を見出す ……74

　　　コラム　《ジュディス・ハーマンによる回復の３段階》……51
　　　　　　　《メアリー・ハーヴェイによる回復の７段階》……51
　　　　　　　《加害者を許さなければいけないの？》……79

4章　災害トラウマの特徴と身体からのアプローチ ……81

この章は ……82
プロローグ　おとなになった赤ずきん ……83
PART ①　森の村に何が起きたか ……84
　　　　　（災害ストレスとコミュニティへの影響）
PART ②　災害トラウマとその治療 ……90
PART ③　子どもたちへの影響 ……93
　　　　　「避難所グループ」と「自宅グループ」
PART ④　支援者たちの危機 ……96
PART ⑤　身体は治ろうとしている ……100

　　コラム　《災害が与える影響》……87
　　　　　　《ストレス反応＆その後》……87
　　　　　　《被災者と地域の回復プロセス》……89
　　　　　　《災害トラウマ支援のために》……106

5章　支援者が知っておきたい大切なこと ……109

この章は ……110
❶ 支援することの意味 ……111
　・トラウマを抱えた人との出会い
　・危機と連続性
　・新しい記憶
❷ 支援の大原則とその具体化 ……114
　・支援の中核となる能力（コア・コンピテンシー）
　・安全の確立のための態度とスキル
　・選択とエンパワメントのための態度とスキル
　・強み（ストレングス）を基礎とするための態度とスキル
　・生活支援の大切さ
　・トラウマ記憶を扱うことについて
　・寝た子を起こすな？
❸ フラッシュバック・解離からの回復を促進する ……121
　・フラッシュバック＝解離されていた体験の再体験
　・フラッシュバックが起きたときの対処法
　・フラッシュバックを起こしそうなとき
　・フラッシュバックになってしまったら

❹ 段階的心理教育とスキル形成 ……126
　・正常化──トラウマに関連して起きていることを理解する
　・再演・再被害──なぜそうなるのかのメカニズムを知る
　・自分を守る方法
　・管制塔になること
❺ 支援者にとっての境界 ……130
　・怒りと受動性
　・支配とコントロールの関係にはまらない
　・境界を守る
❻ 代理受傷とその対処 ……134
　・代理受傷とは
　・代理受傷の症状はPTSDと同じ
　・解消法と予防法

ちょっと長めのあとがき ……139

巻末資料 ……146
・DSM-5における心的外傷後ストレス障害の診断基準
　《心的外傷後ストレス障害》
　《6歳以下の子どもの心的外傷後ストレス障害》
・DSM-5における急性ストレス障害の診断基準
・他に特定されない極度のストレス障害（DESNOS）：診断基準の試案
・発達性トラウマ障害概念（van der Kolk, 2005）
・発達性トラウマ障害の診断基準（DSM-5への試案）

著者プロフィール ……157

1章は季刊『Be!』107号（2012.6）、2章は108号（2012.9）、3章は111号（2013.6）、4章は114号（2014.3）に掲載した記事をもとに加筆修正しました。
5章はワークショップ「トラウマからの回復を支援する人に伝えたいこと」をもとにした書き下ろしです。

1章
トラウマを受けた人に伝えたい7つのこと

トラウマ記憶は、なぜ苦しさを引き起こすのでしょう。
脳の中で、何が起きているのでしょう。
どうしたら楽になれるのでしょう。
——この章では、犯罪被害や被災など
「単回性のトラウマ」によるPTSDを中心に、
その症状と回復について考えます。

❶ トラウマ記憶は「冷凍保存記憶」

＊赤ずきんとオオカミ

　みなさんは「赤ずきん」の物語をご存知ですよね？
「赤ずきん」の話には実はいろいろなヴァージョンがありますが、今から登場する「赤ずきん」は、おばあさんに化けていたオオカミに食べられそうになるという大変な体験をくぐりぬけて生きのびました。その体験がいわゆる「トラウマ」になったとしたら、どうなるでしょうか。
　トラウマには、役に立つ面もあります。
　彼女はそのあと、不用意に森の奥に踏みこまないかもしれません。不審な人がいたら、オオカミが化けていないか、よく確かめるかもしれません。これは自分の安全を守ることにつながります。
　また、赤ずきんがフラッシュバックを起こすたびに、オオカミに食べられそうになった話を何度も語ることで、周囲の人も危険を知ることができます。これはみんなの安全につながります。
　戦慄的なできごとの記憶が脳に刻まれるのは、もともと、私たちが生きのびるために必要なしくみなのです。

けれど、トラウマは悪さもします。

　もしかすると赤ずきんは、犬が大口を開けてあくびするのを見ても「オオカミに食べられる！」と恐怖に固まってしまうかもしれません。犬のふさふさした尻尾だって反応の引き金になるかもしれません。森を見るだけでも怖くなるかもしれません。

　あちこちに怖いものがあると、赤ずきんは家から出るのも大変でしょう。それに、どんな人もオオカミかもしれない、と感じるようになったら、身近な人であっても信じることがむずかしくなるかもしれません。

＊セピア色にならない

　トラウマが生存に役立つだけでなく、困ったことを引き起こすのはなぜなのか……別のたとえで説明してみましょう。

　誰かから「はい、おみやげにどうぞ」と300グラムのお肉をもらったとします。そうしたら家にもって帰って料理して自分の糧にすることができます。では30キロの肉を「どうぞ」といきなり渡されたら、どうしますか？

　大量すぎるので、持って帰ったら冷凍するしかありません。

　トラウマ記憶を体験として一度に咀嚼（そしゃく）するには大きすぎます。そこで、いわば脳の中で冷凍保存されるのです。日常の記憶とは違って、なるべく思い出さないですむようしまいこまれます。解離という、いつもの自分とは壁で隔てられた冷凍庫にしっかり入れて、冷凍するのです。ですからそこには、トラウマを受けたときの五感、感情、認知や思考が、そのときのまま冷凍保存されています。

　トラウマ記憶には、次のような特徴があります。

1. 無時間性・鮮明性

　私たちは日常の会話で、何年も前の失恋について「トラウマになっちゃってさぁ」なんて話すこともありますが、通常は、失恋がトラウマになること

はまずありません。時間がたつにつれ、苦しい思い出もセピア色の記憶になっていきます。

　けれど、トラウマ記憶は数十年たっても、セピア色にはなりません。放っておけば鮮明なままです。

２．想起に苦痛な感情をともなう

　痛みや不快感などの感覚や、恐怖や恥などの感情がそのまま、生々しく残っています。思い出してしまうと、その瞬間のことを全身で再体験することになるので、そのときと同じような苦痛をともないます。

３．言葉になりにくい

　そのできごとが、今起きているかのように生々しく再現されている（フラッシュバック）とき、脳の血流を調べると、右脳が興奮しており、トラウマ治療などで体験を語ることができたときには、両方の脳が興奮していたという報告があります。

　右脳というのは、主にイメージの記憶をつかさどり、左脳は言語的な記憶をつかさどっています。実際にはより複雑なのですが、冷凍保存記憶は、大雑把にいえば右脳を中心としたネットワークに格納されているようです。できごとについて語ろうとしても言葉にならずに詰まってしまうのは、単につらくて話しにくい、ということだけではなく、脳の機能変化によるものなのです。

❷フラッシュバックという症状

＊氷がとけるとき

　冷凍された記憶（＝トラウマ）がとけるとき、「今日はこの部分だけを解凍しましょう」ということはできません。かたまり全部が一緒にとけ始めて、すべてがいっぺんに返ってきます。

　これがフラッシュバックです。

　そのときの感覚、感情、認知、思考が生々しくよみがえるのですから大変です。慌てて再び冷凍するしかありません。またとけそうになると（フラッシュバックが起きそうになると）、また急いで冷凍する（回避・抑圧・解離する）……こうして再び凍らせることを繰り返すのです。

　何がフラッシュバックの引き金（トリガー）になるかはさまざまです。「オオカミに襲われてオオカミ恐怖になる」といったわかりやすいものから、どうしてそうなるのかわからないような不思議なものもあります。トラウマを受けたときの発達段階も関係します。

　２歳の幼児が、マルチーズに噛まれたとします。「犬恐怖になるかも」と心配されましたが、目の前をドーベルマンが通っても、柴犬が通っても、怖がりません。よかった！　大丈夫だったようですよ。ところがあるとき、か

わいいウサギがいるから抱かせてあげようとしたら、ものすごく怖がりました……なぜでしょう。

マルチーズもウサギも白くてふわふわです。他の犬を怖がらなかったのは、子どもの世界にはまだ「犬」というカテゴリーが存在しなかったからなのです。

DVを目撃して育った子どもは、大人が議論している場面を見ただけでパニックを起こすことがあります。議論にまつわる声の調子が、引き金になって記憶を刺激するのです。

ポジティブな体験も、引き金になることがあります。たとえば、ほめられること。親密感。平和な感じ。……拒否や見捨てられ体験の中で育った子どもは、長く続く関係がなかなか信じられません。信じていた人にひどいことをされたとしたら、誰かの温かい言動にも隠された動機を探ってしまいます。

無秩序と混乱の中で育った子どもは静けさが苦手で、たとえば皆で静かに音楽を聴いているときに騒ぎを起こしてしまったりします。

＊トラウマ後の３つの主な症状

生死にまつわるような出来事や性暴力などによるトラウマの後遺症として、次の３つの主要症状があります。

１．再体験：被害当時の記憶が無意識のうちによみがえる
過去のこととして思い出すのではなくて、今まさに起きているかのように再体験するのが「フラッシュバック」、睡眠中にそれが起きるのが「悪夢」です。思考の形で起きると「侵入症状」と呼びます。いわば「自分」の「外」に解離された冷凍庫から入りこんでくるために「侵入」される感じがするのです。

2．回避・麻痺：被害を忘れようと感情が麻痺する、そのために回避の行動をとる

　目の前にある危険なものやイヤなものから逃げる逃避とは異なり、回避は、危険なものやイヤなものに遭遇しないように、もしかして遭遇するかも……と思うような場所は避けて通る行動です。

　トラウマを呼び戻す引き金（トリガー）はどこにあるかわかりませんから、この回避の症状によって、行動が非常に制限されることになります。

　さらに危険を避けるために、トラウマをめぐる記憶を自分から切り離そうとすることも起こります。でも、トラウマ記憶だけ切り取るわけにはいかないので、その周辺を切り離して、徐々に自分が感じるさまざまな感覚を自分から切り離してしまう。これが「麻痺」です。

「春だなあ、今日はお天気がよくて気持ちいいなあ」とか「なんて可愛い赤ちゃんなんだろう」といった、細やかな季節感や幸福感、愛情の感覚など微細な感覚や感情が失われてしまいます。

3．過覚醒：中途覚醒など、神経が高ぶった状態が続く

　人は危機の中にいるとき、神経がピリピリと高ぶって警戒しますよね。この状態が続くのが、「過覚醒」です。

　なかなか眠れなかったり、イライラと焦燥感にかられたり、少しのことで怒りや攻撃などの大きな反応をしたり、集中困難になったりします。これは、集中力がないのではありません。今必要なこと以外の刺激が入ってくるのを、あらゆる刺激に対してセンサーが働くために、一点に集中できないのです。

　これら3つの症状に加えて、アメリカ精神医学会による診断基準「DSM-5」では、認知や感情の否定的な変化が起きることが言われています。
（147ページ参照）

❸「過去の傷」を治すのではない 「傷に影響を受ける今」を変える

＊症状だと気づく

「PTSD」という病名を、おそらく聞いたことがあると思います。これはトラウマ体験による後遺症の典型的なひとつの形をさすもので、ベトナム戦争の帰還兵たちが抱えた精神的問題をきっかけに疾病概念が確立しました。帰還兵たちの症状は性暴力を受けた女性たちの症状と共通していました。いずれも「単回性のトラウマ」です。オオカミに食べられそうになった赤ずきんも、やはり単回性のトラウマを抱えています。

　では「複雑性PTSD」という言葉を聞いたことはあるでしょうか？　これは単一の事件ではなく、虐待やDVなど、長期にわたって慢性的に繰り返されるトラウマによって引き起こされるものです。

　単一の事件によるトラウマでは「再体験症状」「過覚醒症状」が強まることが多いのですが、日常的に繰り返されるトラウマの場合は、特に「麻痺」や「解離」が強く出てきます。麻痺は「感じなくてすむ」ように、解離は「それが自分ではないようにすることで自分を守ろうとする」のですが、それは

一時しのぎにすぎず、結果としてさまざまな障害が現われてきます。感情の調節が難しくなったり、自己破壊的な行動をしたり、自己イメージや対人関係にいろいろな問題が起きたりします。
　……大切なのは、これらが「症状なんだ」と気づいていることです。
　たとえば、過去に死にたいほどつらいできごとがあったとして、あるときふと、死にたい気持ちがこみあげてくるかもしれません。では、あのときに死にたかった気持ちと、今、死にたい気持ちと、どっちが大きいでしょうか？……今の気持ちは、あのときより小さいはずです。
　死にたかったのは「あのとき」であって、「今」ではない。「今の死にたい気持ち」はいわばフラッシュバックなのです。
　私は虐待を生きのびた人に「フラッシュバックで死んではダメ」と話します。
「これは症状だ」とわかるだけでも、少し落ち着くことができます。恐怖などの感情も同じです。
　フラバ注意！　ですよ。
（フラッシュバックへの対応については121ページも参考にしてください）

　トラウマ治療というと、過去の傷を治すことだと思っている人がいるかもしれません。また過去にばかり目をやってどうするのかと批判する人もいます。でも、それは違います。
　過去を変えることはできません。
　回復するということは、「過去の傷に影響を受けている今」が変わることなのです。
　では、これまでお話しした症状以外に、どんなふうに「今」が影響を受けているか、その後の赤ずきんを例にとって考えてみましょう。

＊「3つのF」と神経系

闘争（Fight）―逃走（Flight）―凍結（Freeze）というストレスに対する3つの反応パターンがトラウマ記憶に固定化されると……

1. 闘争（Fight―戦う、立ち向かう反応）

とても怖い目に遭った赤ずきんは、その恐怖を克服できるような強い自分になり、危険に立ち向かうことで、生きのびようとするかもしれません。

やがて自分の苦しさをそっちのけにして、同じような被害に遭う人をなくすため、果敢に立ち上がり、戦い始めます。その戦いによって自分の身近にいる人を暴力や虐待から守ることができたとしても、世界にはたくさんの傷ついた女性や子どもたちがいて苦しんでいることに気づきます。戦いには終わりがありません。

2. 逃走（Flight―逃げる、回避する反応）

赤ずきんは、危険から逃げたり、あらゆる危険を避けることで生きのびようとするかもしれません。知らない人はイヤ、人間は怖い。

そして今は、研究室にこもって顕微鏡をのぞき、微生物の研究を黙々と続けています。彼女にとっては、レストランで楽しく食事をするようなことまで含めて、あらゆる人間との接触は危険をともなうものと感じられるのです。

研究に熱中することはよいことですが、それが回

避の手段になると、自ら自分の人生を狭くしてしまいます。

　このFightとFlightは、交感神経系のはたらきです。

3．凍結（Freeze─固まる、動けなくなる反応）

　特に幼い子どもに多い反応ですが、強度の強い被害体験だと成人にも起きます。トラウマを受けたときの否定的な考えが、その人の中核的な認知（スキーマ）となってずっと影響を及ぼし続ける、痛ましいパターンです。赤ずきんは「どうせ自分はひどい目にあう人間なんだ」「自分には幸せになる価値がない」と思いこんでしまいます。そのため、自分を大切にする選択ができず、さらに自分を痛めつけるような出来事に遭遇しやすくなります。

　そして「自分は価値がない」という信念をますます強める結果になってしまい、精神科的な症状が起きやすくなります。

　Freezeを司るのは、2本ある副交感神経のうちの背側迷走神経枝です。フリーズ時には交感神経と副交感神経が同時に興奮して、アクセルとブレーキを一緒に踏んでいるような状態になります。そのため自律神経系の障害をきたしたり、心身症的な症状も現われたりしやすくなります。

＊もっと楽に

「戦う」のも「逃げる」のも、悪いことではありません。危険を前にしたときの自然な対処行動です。対処をして平常に戻ると、副交感神経のうちの腹側迷走神経系が働き始めてリラックスします。楽になるのです。

「固まる」のも、襲われて逃げる余地を失った動物が仮死状態になって危険をやりすごすという、対処の側面もあるでしょう。

　でも、それが固定化されたパターンになって「今」に影響を及ぼしていたら？　意識して選んだ生き方ではなく、無意識に傷の影響を繰り返しているとしたら？　もっと楽に、がんばらずに、そして自分を大切にして、生きることができたらいいなと思いませんか。

❹「今・ここ」を豊かにする

＊大きな過去と小さな今

　トラウマの冷凍保存記憶を持っている人は、脳に大きな負荷がかかっている状態です。

　トラウマ記憶は、言葉で綴られた記憶ではありません。映像や、感覚や、音などが詰まった記憶です。パソコンを使う人はわかると思いますが、文字だけのテキスト・ファイルの容量に比べて、画像や音声入りのファイルは、何十倍もの大容量になります。

　脳の中に毎日使う「作業テーブル」があるとしたら、その上に「大きな過去」と「小さな今」が乗っている状態です。

　大容量のトラウマ記憶に圧迫されて、「今・ここ」がちっぽけになってしまっているのです。作業テーブルの空いた場所、つまり「ワーキングメモリ」が少なくなり、ADHD（注意欠陥多動性障害）のような状態にたやすくなってしまいます。性被害や犯罪被害など大きなトラウマ体験のあとに、片づけなどができなくなる現象は、こうしたことも関係しています。

こんなときには「今・ここ」を少しでも増やしていくことが大事です。すると相対的に「トラウマ」が小さくなっていきます。「今・ここ」を意識するのにもっともよい道具は、呼吸です。腹式呼吸をしながら、自分の吐く息、吸う息に注意を向けるのです。瞑想も役立ちますし、さまざまなリラクセーション技法も役立ちます。
　これに対して、アルコールや薬物やギャンブルなどの酔いや刺激にひたることは、「今を麻痺させる」手段です。
「今・ここ」を豊かにするような、さまざまな方法を身につけていきましょう。
　踊る、歌う、楽器を弾く、身体を動かす……いずれも「今・ここ」に集中する作業です。
　けれども、リラックスしたり、身体を使って今を意識する作業をしたりすると、「自分が自分の身体の中にいて安心できない」感じに気づくかもしれません。リラックスすると覚醒水準が下がり、抑圧していたイヤな記憶がよみがえることがあるからです。その場合、５４３２１法（※）など「集中しながらリラックス」するような方法がおすすめです。

＊安全感をインストール

　次ページに、ひとつ、エクササイズを紹介します。手品師になったつもりで、準備をしておきましょう。この方法を覚えておくと、さまざまなときに使うことができます。
　たとえばトラウマの引き金（トリガー）に混乱して急な反応をしそうになったとき、恐怖や不安に圧倒されそうなとき、自分の中がおぼつかない感じがしてきたとき、などです。

※５４３２１法
今ここで見えるもの・聞こえるもの・感じるものを、最初は５つずつ口に出し、次に４つずつ、３つずつ……最後に１つずつ言う。Yvonne Dolan による外界集中型自己催眠技法。

セーフ・プレース・エクササイズ

■あなたが一番安全で安心と感じる場所を思い浮かべてください。もし「どこにも安全な場所はない」と感じていたら、どこか落ち着く場所を思い浮かべてください。心地よいソファでもいいし、どこか自然の中の場所でもいいです。それもなければ、好きな「色」でもいいです。

■利き手ではない方の手を出して、その場所や色のイメージを手のひらに載せ、じっと感じます。そしてキーワードを作ります。たとえば「クッション」「そよ風」など、一言で。

■イメージの中で、そのキーワードにあう色の薄手のハンカチを出してください。そのハンカチで、あなたの安全な場所（落ち着く場所）のイメージとキーワードをくるみます。

■手からハンカチを出す手品師は、指先にキャップをはめて、その中にハンカチを隠しています。先ほどのハンカチを、安心のイメージと共に、キャップをはめるようにして親指にそっと隠しましょう。隠したら、親指をぎゅっと握ってキーワードをつぶやき、キーワードと安心のイメージをなじませてください。

■引き金に遭遇したときや、落ち着きたいときに、その親指を手のひらにぎゅっと握って、キーワードを確認します。

■この方法を使えば使うほど、「つながり」がよくなって、身体の中に安全感をインストールすることができます。

❺語ることの意味

＊安全・安心の中での再体験

　トラウマ記憶は、言葉にならない記憶です。
　トラウマ体験のその瞬間に、DNAからm-RNAが放出され、たんぱく質が合成され、五感、感情、思考、身体状態などすべてを含む体験がまるごと、記憶のネットワークとして固定されるのです。これが「冷凍保存」というたとえのより現実に近い姿です。そして凍ったものがとけていくためには、その「まるごとの記憶」が言葉として語られ、物語記憶という形で整理されることが必要になります。
　ただし、赤ずきんが「おばあさんのお見舞いに行ったらオオカミが大きく口を開けて、私を食べようとしたので、命からがら逃げました」と事実だけを感情を伴わずに話しても、記憶は凍ったままです。
　それどころか、無理やり聞きだそうとする人がいたり、やっとの思いで話したのに「そんなこと信じられない」と言われたり「うっかり食べられるのが悪いんでしょ」と非難されたら、それはトラウマの上塗りになってしまい

ます。批評も非難もされずに、安全と安心の中で語れることが大切です。

　相手を信頼して語れたとしたら、徐々に感情が出てくるかもしれません。「あのときは、本当に怖かったよ……」と、赤ずきんが身ぶるいして、涙を流しながら、でもひとりではないと思える状況で感情も交えながら語ることができたら、脳の奥深くにある情動の記憶も揺さぶられ、変化が起き始めます。物語記憶になったときには、具体的な五感や感情が消化されています。これを「トラウマの処理」ということもあります。

　そして「今は安全な場所で、つらかった過去の話をしているのだ」という状態として新たに固定されます。つまりトラウマ体験は、あのときのまま凍りついたものではなく「過去の出来事」として再編集されるのです。

　記憶は常に改変されています。語るたびに細部が変化したり、焦点が移ったり、自分にとっての意味が変わったりすることが起こり得ます。トラウマ記憶も、安心できる場で安全な相手に向けて何度も語っているうちに、それにまつわる感情や感覚などが整理されて、今を侵食することのない過去の物語記憶になっていくのです。だから、話したり書いたりして表現することはとても大切です。

＊気持ちに名前をつける

　トラウマの症状のひとつに「麻痺」があるとお話しました。「麻痺」とは、つねっても痛くない、というように「悲しいのに泣けない」とか「怒りたいのに怒れない」というようなあるべき感情を感じられない奇妙な状態です。感覚や感情の麻痺は「トラウマ体験」の最中に自分を守るために行なう適応の形です。3つのFのときの背側迷走神経系が働いて、感情を感じるシステムがシャットダウンしてしまうのです。その結果、「自分の気持ち」がわからなくなったり、「気持ちの幅」がわからなくなったりします。

　たとえば「固まる」か「キレる」の両極端になってしまう。ストレスがかかっていることを気持ちとしては受けとめきれずに、何かのきっかけで行動

として唐突に反応したり、ストレスを身体にためこんだりすることもあります。

　そうやって極端に揺れ動く気持ちをなんとかコントロールしようとして、アルコールや薬物、食べること、自傷などに依存していく場合もあります。すると結果的に、事態はいっそう複雑になります。

　また「いい」「イヤ」といった白か黒かの感情しか認知できず、「楽しい」「うれしい」「悲しい」「悔しい」といった、たくさんの色彩をもった感情の幅を失ってしまっていることも多いのです。

　自分の中にたくさんの豊かな気持ちがあること、世の中はいろんな色をしていることに、少しずつでいいから気づいていきましょう。

　たとえば日記のように、毎日「何が起きたか」「そのことでどんな気持ちになったか」を書き出す方法もおすすめです。

　一日の終わりに自分の行動を振り返ってみて「あそこで反応したのは、ちょっとまずかったかな」と感じたとしたら、まず「わかる、わかる」と自分の気持ちを認めてあげてください。そして、決して自分を責めたりせずに次はどうするかを考えます。似たようなことが起きたら、何か行動する前に深呼吸するなど、一拍おく練習です。

　こうした練習は、可能ならば誰かに手伝ってもらうといいでしょう。出来事を話して「こういう気持ちなんだね」と確認してもらったり、一拍おいたほうがよいときの「サイン」を決めておくこともできます。

　仲間と一緒に、感情をさぐる練習をするのもいい方法。たとえば、３分間にできるだけ多くの感情を書き出し、その感情を持ったできごとについて語り合う、などです。

　感情に名前をつけ、理解し、自分の感じ方や行動を「調節していく」ことは、今後のためにとても役立ちます。

❻「助けて」って言えてますか？

＊ひとりぼっちだった

　ある体験がトラウマになったということは、そのときあなたは「ひとりぼっち」だったということです。

　もしもその場に、他の大人がいたり、きょうだいがいたとしても、その瞬間、「ひとりぼっち」だと感じていたからこそ、トラウマになるのです。

　この「ひとりぼっち」という感覚がトラウマ記憶に残って「今・ここ」に影響を及ぼしているとしたら、自分や世界のとらえ方を大きく左右します。根拠なく「誰も助けてくれない」「誰も頼りにできない」「人はみんな裏切るものだ」といった感覚になってしまうのです。

　あなたは困ったときに、誰かに「助けて」と言えていますか？　どうせ無駄だとあきらめていませんか？　つらいことがあっても身近な人に話すことができずに、あまり関係のない通りすがりの人に話していたり、あなたの不安を利用するような相手に話していませんか？

「助けてほしい」と感じて、「助けて」と言えることは、「援助希求」というひとつの能力です。安全・安心な人と「つながれる」ようになること、安全・安心な人に「助けて」と言えるようになることが大事です。

✻「再演注意！」

　トラウマを受けた人が、過去の出来事と同じようなことを繰り返してしまう、というのはよくあることです。これを、トラウマの再演といいます。
　なぜか、自分を虐待するような相手に近づいてしまう。あるいは逆に、自分が加害者になってしまうこともあります。
　いずれにしても、「支配―被支配」のパワーゲームにはまりやすく、そのことによってさらに「自分は……」「人は……」というネガティブな認知を強めてしまうのです。
「再演注意！」「パワーゲームに注意！」です。

✻つながりは一歩ずつ

　安全・安心な関係を作る練習は、たとえば同じような立場の仲間が集まる自助グループや、施設などで始めることもできます。
　治療者や支援者とのつながりを作ることも、安心のためのネットワークを自分の周囲に育てることになります。
　最初から相手のすべてを信じなければと思ったり、自分のすべてを受け入れてもらわねばと思う必要はありません。
　関係は一歩ずつ作っていくものです。
　相手を少しずつ理解し、自分のことも少しずつ知ってもらう。人はみな同じではありません。さまざまな考え方や感じ方、行動のしかたがあります。お互いのことを少しずつ知った上で、今はどの程度のつながりが心地よいかを選択していくのです。
　そのためには、自分で「自分の特色」を知っていることも大事です。がんばりやさん、おどおどさん、せっかちさん、おこりんぼさん、うっかりさん……自分はどんなイメージですか？
　それは周囲から見たあなたのイメージとも一致しているでしょうか？

❼未来の安全を確保する

＊回復はらせん階段

「まえがき」でも述べたように、トラウマからの回復は、重症例をのぞけば「心理教育」「セルフケア」「スキルの構築」の三本柱で可能です。つまり、

- トラウマとは何か、それがどう現在に影響するかを知る
- 自分を大切にするセルフケアの方法を身につける
- 生きていくための多様なスキル（感情表現や人間関係など）を身につける

ことが重要です。

　回復は、安全が確保されて初めて可能になります。その上で、被害を受けることによって失っていた自己コントロール感や自己尊重感を手にし、そして、自分の生き方を自分で選択できる、生きることを楽しめるようになっていくのです。

　回復は一直線に進むものではありません。「記憶の解凍」は安全が確保されて初めて起きます。少しよくなった、楽になったと思った途端、記憶が噴き出してきて混乱します。また進歩すると人生の次の課題が出てきて、一時的にまたしんどくなったり、しんどくなったことで過去の症状が戻ってくることもあります。ちょうどらせん階段のようなものです。行きつ戻りつしながらも「全体的にはよくなっている」と感じられることが大切なのです。

「再び被害を受けない」ことも重要です。一度被害を受けると、同じような状況でフリーズしてしまうため、再被害を受けやすくなります。再被害を受けると、自分が大切にされない体験、自分が自分自身をコントロールできない体験をさらに積み重ねることになってしまいます。ですから対人関係のスキルを学んで再被害を少なくすることで、回復は大きく進みます。

自分を大切にしてくれる人とつきあえること、危険を避けられること、自分にも相手にも100パーセントを求めずに「折り合いをつけられる」「妥協点を見つけられる」ことが大事です。

＊再発に備える

回復の途上で、かつての症状（フラッシュバックや麻痺、過覚醒など）が戻ってくることがあります。どんなときに再発が起こりやすいか、知っておくだけで役に立ちます。

■記念日反応（アニバーサリー・リアクション）・命日反応
出来事があったのと同じ日付、月の中の同じ日、同じ曜日、同じ時間帯などには、フラッシュバックや、その他の症状での再燃が起きやすくなります。

■ストレスがかかったとき
無理をして心身が疲れたり、大きな決断や心配事などを抱えているときです。

■似た気持ちをもったとき
かつてと同じような恐怖、不安、混乱などに直面したときです。

■失恋、離婚など関係の変化
これまで続いていた人間関係を失ったり、関係が揺らいでいるときです。

■妊娠出産
心身の変化や、親となることへの不安やためらいなど、さまざまなストレスから状態が不安定になりがちです。

■子どもが、「自分がトラウマを体験した年齢」に達したとき

　子どもの姿が引き金になり、過去の痛みがよみがえりやすくなります。

　再発の危険があるときは、安全・安心な居心地のよい場所で過ごすこと、決して無理をしないこと、できれば安心できる人とともに過ごすことができればいいですね。
　そして、つらくなったとしても「これは症状の再発だ」とわかっていることが大切です。
　かつてはひとりぼっちだったけれど、「今はひとりではない」ことを思い出してください。

＊自由を手にして

　赤ずきんはその後、どうなったでしょうか？
　仲間たちと「森を見に行くツアー」を企画しました。今では、自分が行きたいと思うところにはどこでも行けます。
　ときどき人の中にいて自分がちっぽけに感じられることもあります。そんなときは、金色に輝く卵型のオーラが自分の周囲をとりまいているのをイメージします。すると「私は自分で自分を守れる」「自分の行動を自分で選べる」という自信がよみがえってきます。
　心から信頼できる友だち、一緒に楽しめる仲間がいます。そこそこうまくやれる友人もいます。でも、ちょっと苦手な相手もいます。
　うれしいことも起これば、がっかりすることも起こります。悲しいこと、つらいこともあります。でも、赤ずきんは人生を楽しむことができます。

2章
慢性的なトラウマが引き起こす症状

災害や犯罪被害にあった場合、
「日常とは違う異常な体験をした」自覚があります。
けれど虐待やDVは、異常な体験が繰り返されて
それが日常となってしまうのです。
——この章ではこうした慢性的なトラウマによる
「複雑性PTSD」あるいは「DESNOS」と呼ばれる症状と、トラウマを背景とした嗜癖について学びます。

❶オオカミさんどうしたの？

✳︎おうちを壊した理由

「赤ずきん」を襲ったオオカミは、童話の世界ではおなじみの悪役です。『三匹の子ブタ』にも『七匹の子ヤギ』にも悪いオオカミが出てきます。そして最後は決まって、ひどく懲らしめられたり、川底に沈められてしまうのです。

　なんで子ブタのおうちを壊したりしたんでしょう。

　ひょっとしたら、オオカミも苦しんでいるのかもしれません。

　本当は一緒に遊びたくて「おうちに入れてよ」と言ったのに、イヤだよと断わられたので、怒ってワラの家を吹きとばしてしまったのかもしれません。

　次に弟のブタに「おうちに入れてよ」と声をかけたら「こわいオオカミが来た！」と言われて、怒りがコントロールできなくて、全身で体当たりして木の家をこわしてしまったのだとしたら。

このオオカミさん、慢性複雑性のトラウマを抱えていたのかもしれません。

＊異常が日常になってしまうと

　子どもは、大人の場合と違って、生死に直接かかわらない出来事がトラウマになることがあります。

　養育者から身体的虐待を受けたり、「おまえはダメな子だ」とか「生まれなければよかった」とののしられることは、慢性のトラウマとなります。父親が母親に暴力をふるうなどDVを目撃することも、衣食住をはじめ子どもが必要とする世話や関心を与えられないことも、親との分離や養育者・養育の場が頻繁に変わることも、子どもにとってはトラウマとして残ります。もちろん、性的虐待を受けることは、深刻で複雑なトラウマとなります。

　さらに、幼いときに体験した、たった一度のつらい出来事であっても、周囲にそのつらさを受けとめる環境が存在しなければ、複雑なトラウマを受けたような症状になることがあります。

　成人であっても、日常的にDV被害にあったり、度重なる犯罪被害を受けたりすることは、複雑なトラウマとなります。

　ここでちょっと基本的な話をしましょう。

　アメリカで「PTSD」の診断が確立したのはベトナム戦争後です。当時、ベトナム戦争に加えてフェミニズム運動も起きていました。そこで男性の帰還兵が呈する症状と、女性の性暴力後の症状が似ていたことが注目されたのです。賠償という社会的な必要性も背景にあり、診断基準が作られました。

　戦争や単回性の性暴力のような時間的な区切りが明白なトラウマと、慢性化した複雑なトラウマとでは、後遺症の性質が違ってきます。複雑なトラウマの症状は、PTSDの主要3症状にいろいろな症状が付随したような形になります。

　ではこの2つは、本質的にどう違うのでしょうか。

たとえば一度の災害によるトラウマだとしたら「日常とは違う異常な体験をした」のだと、自分でもわかっています。自分は決しておかしくない。起きた事態が異常なのです。
　けれど、虐待の場合には、わけもなく被害を受けるという「異常な体験」が、何度も繰り返されて日常となってしまうのです。すると、自分がおかしいのか、他の人がおかしいのかわからなくなり、自分や世界に対する考えが揺らいでしまいます。身体や心に、より深刻な影響を及ぼすことになります。

＊コントロールできない

　子ども時代は「アタッチメント（愛着）」という、親や周囲の人との関係性に頼ることで安心し、落ち着くメカニズムが形作られるときです。この頃の対人関係における傷つき体験は、そのメカニズムに深刻な打撃を与えます。その影響をひとことで言えば、「自分がコントロールできない：自己調節の障害」ということになります。
　感情が麻痺したり、ひどく高ぶったり、高低の調節がきかない。
　細かいことまで鮮明で詳細に覚えていたり、大事なことをぽっかり忘れてしまうなど、記憶のコントロールができない。
　よいか悪いか、白か黒かといったふうに、思考が極端に走りやすい。
　落ち着かずにやたらに動き回ったり、固まって動けなくなったりと、身体の動きがコントロールできない。
　……こんなふうに、あちこちがギクシャクしてしまうのです。自分が自分であるというまとまり感も生まれませんし、自分が生きている世界の見え方も混沌としてしまいます。
　子ども時代、すなわち心と身体が一人の個性に向けて成長発達している時期に、慢性複雑性のトラウマを受けると、より身体を巻きこんだ調節障害が起きたり、また中核的な認知（スキーマ）に影響が及ぶことで人格形成に深刻な問題を引き起こしたりします。

＊道を照らすヒント

　慢性複雑性のトラウマは実は、DVや子ども虐待という形で巷に満ちあふれています。
　PTSDが診断名として確立したのは1990年代でしたが、戦争や単回の性暴力から構想されたPTSD概念だけでは、それらの被害をうけた方々の症状を拾いきれないという意見も当然出てきます。
　アメリカの精神科医、ジュディス・ハーマンは多数の臨床例の集積から「複雑性PTSD」という診断基準を作り、トラウマ研究の世界的権威であるベセル・ヴァン・デア・コークは、統計学的手法を用いて「DESNOS」という診断基準の試案を作りましたが、それはとても類似していたのです。（153ページ参照）
　DESNOSはA～Eまでの５つの症候として整理され、慢性化したトラウマが引き起こす状態を理解するのに役立ちます。
　まずAは、感情覚醒の統御における変化。慢性的な感情とりわけ怒りの調節障害、そして自傷や自殺行動や、衝動的で危険な行動の制御障害がこれにあたります。
　Bは、注意や意識における変化です。健忘や解離がこれにあたります。
　Cは身体化、これは一種の解離の症状でもあります。頭痛、腹痛から始まり、全身の痛みなどもこれにあたります。
　Dは慢性的な人格変化。自己認識の変化、加害者に対する認識の変化、人が信じられない、加害や被害を反復してしまうという対人関係の変化です。
　最後がE、意味体系における変化。絶望感と希望の喪失、以前の自分を支えていた信念の喪失です。
　そして６つめに、私は広い意味での嗜癖（アディクション）を付け加えたいと思います。ここにはアルコール・薬物依存のみならず、いわゆるプロセス嗜癖（行為・行動への依存）が含まれています。摂食障害から買い物依存、インターネット依存、性依存から暴力まで、裾野は広いものです。

これらの症状を見ていくと、これまで使われてきたさまざまな診断名──解離性障害、身体表現性障害、身体化障害、境界性パーソナリティ障害なども、DESNOSとして説明できることがわかります。
　つまり、こうした病態の背後には慢性化したトラウマがあるのではないか……という投げかけとも言えるでしょう。DESNOSは、回復への道を照らし出すヒントになる重要概念なのです。
　そして朗報です。WHOによる国際疾病分類の最新版「ICD-11」が30年ぶりに改訂され、2018年6月に公表されました。そこにはPTSD（心的外傷後ストレス症）と並んで、新たに複雑性PTSD（複雑性精神的外傷後ストレス症）が入りました。その内容はPTSDの主要三症状に、①感情の調節障害／②否定的な自己認知／③対人関係の問題の3つが加えられたものです。この3つは「自己組織化の障害」とも言われます。
　複雑性PTSDの診断のために開発された国際トラウマ質問票（※）では、この自己組織化障害による症状を、次の6項目として挙げています。
　1　動揺すると、落ちつくまでに長くかかる。
　2　気持ちが麻痺したり、感情がシャットダウンされていると感じる。
　3　自分が敗北した人間のように感じる。
　4　自分には価値がないように感じる。
　5　他人との間に距離を感じたり、切り離されたように感じる。
　6　他の人と感情的に親しくし続けることは難しい。
　これまでずっと人格や行動の問題に帰されてきたことが、虐待など慢性複雑性トラウマの影響だと認められるまでには、このように長い時間がかかったのでした。

※国際トラウマ質問票（ＩＴＱ:The International Trauma Questionnaire）については、金吉晴，中山未知，丹羽まどか，大滝涼子. (2018). 複雑性PTSDの診断と治療. トラウマティック・ストレス, 16(1), 27-35

❷ DESNOS を読みとく

＊感情に何が起きるか

　DESNOSのA症状は、感情のコントロールができない、危険な衝動や行動を制御できない……。まさに『三匹の子ブタ』に出てくるオオカミです。

　感情は人が自分の状態に気づくための大切なサインです。でも、自分の気持ちや行動を同定したり、調節したり制御したりすることは、人間に最初から備わっている能力ではありません。

　赤ちゃんはまだ神経が未発達で、気持ちを調節することを知りません。まず、赤ちゃんは泣きます。お腹がすいたり、オムツが濡れたために泣くこともあれば、ただ泣くこともあります。そして泣けば周囲の大人が欲求を満たしてくれます。赤ちゃんは、苦痛なとき泣けばよい、大人を頼りにしていいのだと、その経験から学んでいくわけです。そのような過程で、生後1年～2年かけて自己調整を司る神経が発達し、その後も成熟していくのです。

　さらに感情に関する気づきも育っていきます。幼児へ成長していく過程で、子どもは自分や他人にさまざまな気持ちがあることを学びます。大人は、小さな子どもがニコニコすると、同じように頬笑みながら「気持ちいいね」「楽しいね」と伝えます。子どもが不快さを態度で表現すれば、同じように

顔を曇らせながら、気持ちを察知して「悲しいんだね」「さびしかったのかな」と伝えます。

「情動調律」というのですが、いわばピアノの調律のように、相手の音（感情）に自分の感情を共鳴させながら、その音を名づけ、気持ちにドレミファをつけていく作業です。こうして子どもは、無音だったり、全部の鍵盤をバーンと叩いたりするのではなくて、自分のメロディを感じ強弱をつけてメロディを奏でることを身につけていくのです。そのためには子どもと大人との間に、お互いが自然に共鳴しあうような密接な関係が必要です。

そして大人は「叩いちゃダメだよ」と、行動の限度も教えます。泣いている子どもに「どうしてほしいのか言葉で言ってごらん」とうながしたりもします。こうして子どもは、行動を調整したり、自分の要求を周囲との関係の中で適切にかなえることを学んでいくのです。

ところが、虐待の中で育つ子どもには何が起こるでしょうか。

要求が満たされるかどうかは、もっぱら大人の気分や都合によって決まります。子どもが同じふるまいをしても、「うるさい！」とぶたれることもあれば、頭をなでられることもある、という具合で一貫したルールがありません。子どもが何もしていないのに、いきなりひどい目にあうこともしばしばです。

そうすると子どもは、自分で気持ちや行動をコントロールする術を学ぶことができないまま、「虐待者」にコントロールを委ねた状態になってしまいます。気持ちも衝動も、抑えつけられた状態になり、調整能力が育ちません。

子どもが大きくなって、虐待者の影から一歩踏み出すと、そこで初めて気づきます。自分の気持ちがどうなっているのかわからない自分、なぜこんな行動をしてしまうのかわからない自分、自分に価値があるとは感じられない自分に……。

✻ 自分を傷つけてしまう理由

　虐待を受けた子どもは、感情を抑えこんで育ちます。特に、怒りという感情を長いこと抑圧しています。そのため、いざ怒りを表現できるような環境になったとたん、制御がきかない状態になってしまいます。身近にいる、自分を攻撃しないことがわかっている誰かに向かって、爆発してしまったりするのです。

　一方で、怒りや攻撃性が外に向かうのではなく、自分自身へと向けられることもめずらしくありません。

　そう、オオカミさんは誰かをガブッとやっているとは限りません。自分自身に噛みついたり、自分の爪で自分をひっかいてしまったりすることが、よくあるのです。

　こうした自傷行為は、赤ちゃんにすら見られます。壁や床などに頭を打ちつける「頭打ち」です。気持ちのドレミファを教わらずに育ち、悲しいのか寂しいのか何なのかよくわからない「欲求不満」の状態を自分の中で抱えきれずに、自傷行為をするのです。

　つまり自傷は、感情の調節を身につけることができずに育った人が、自分の感じた不快な感情を何とか自分でコントロールしようとする試みです。その手段は、成長するにつれて、自咬（自分の手などを噛むこと）、ひっかき、抜毛、やがて道具や物質を使える年齢になると、リストカットや薬物使用、さまざまな危険な行動へと発展していきます。

　もともとは不快な感情を調節するためだったのに、それがいっそう自分を傷つけ、自分をコントロールできないことにつながってしまうのです。

✻ 安定した飛び方を学ぶ

　虐待の中で育つということは、曲芸飛行を重ねてきたようなものです。
　次から次へと現われる予測できない障害をクリアし、虐待者が繰り出す意

味不明な指令や、自分がしなくてもよかったりする指令にも従い、とても大変だったけれど、曲芸でもするように飛ぶことしかできなかったのです。

　自分の意志にもとづいてまっすぐ飛ぼうとしたり、計画通り飛行していたら、いきなり出現した障害物に激突したり、失速して墜落するのがオチです。だからこの飛行機は、位置情報などを知らせるGPSのような機器や、まっすぐ飛ぶための制動装置を備えていません。

　ですから回復を始めた今、無事に目的地に着陸するためには、支援者や仲間がしばらくの間モニターを務める必要があるでしょう。今はどんな課題を前にしているか、回復のどの段階にいるのか、折にふれて知らせるのです。

　そして次には、曲芸飛行ではなく、安定して安全な飛び方を練習することが大切です。今まで学ぶチャンスがなかったことは、これから新しく学んでいくことができます。

＊記憶のコントロール

　次は、DESNOSのB症状「健忘と解離」です。
「健忘」は、記憶をめぐる調節の障害です。慢性的なトラウマを抱える人の中には、日常に体験していることをぽろぽろと忘れてしまう人がいます。

　そうかと思えば、ちょっとした出来事を隅々まで画像のように鮮明に記憶していたりすることもあります。こうした画像のような記憶のしかたは子ども時代の記憶によく見られる特徴なのですが、これが大人になっても続いているのです。

　過剰記憶と健忘は、セットになって現われることもあります。

　過剰な記憶はフラッシュバック以外では困ることは少ないでしょうが、健忘は生活に支障を及ぼす場合があります。ぽっかり忘れてしまう症状は特にトラウマからの回復期に起きやすいので、忘れると困る約束や予定はこまめにメモするなど、対策をとりましょう。

＊多重人格と「超」多重人格

「解離」とは、個人の体験や行動のさまざまな要素が、いろいろな形で、「私の」ではない「よそごと」になっているような感覚をさしますが、中でも深刻なのは、いわゆる多重人格（解離性同一性障害）です。

　複数の人格があるなんて変だ、と思いますか？　実は、さほど変なこととは限らないのです。子どもの発達段階から見てみましょう。

　赤ちゃんというのは、いくつかの「人格状態」が断続的に切り替わるような状態で生きています。これを離散型行動状態といいます。

　実際、生まれた瞬間には、「深睡眠」から覚醒度のもっとも高い「大泣き」まで、6つの状態しかないと言われています。生まれた直後から呼吸や栄養摂取が始まり、さまざまな感覚や感情の交流が養育者との間に開始されますが、そのひとつひとつの状態はまだ完全にはつながっていません。

　たとえば赤ちゃんがテレビをじっと見ているときに、誰かがスイッチを切ったとします。赤ちゃんは次の瞬間、何事もなかったかのように別のものに注意を向けるでしょう。さっきまでの自分と、今の自分とが、つながっていないのです。空腹で泣いても、おっぱいが与えられれば泣きやみます。「今泣いたカラスがもう笑った」の言葉通りです。

　けれど成長するに従って、様子が違ってきます。3歳の子どもは、夢中になっているテレビをいきなり消されたら、怒ったり悲しがったりするでしょう。「それを見たいという状態」が持続するのです。泣いている子は、原因がなくなればすぐ機嫌が治るのではなく、ヒックヒックとしゃくりあげて悲しさの余韻が残ります。「悲しくて泣いている状態」が残ります。パッと入れ替わるのではなく、もっと細かい状態が中にはさまっています。

　この自我状態の多様化と、状態間の状況に応じたスムーズな移行が、まとまりのある自己感を作り上げていきます。そして、その基礎になるのが、養育者との適切な関係性であり、気持ちのドレミファ：情動調律なのです。

　一方、解離は、トラウマによって壁ができてしまうだけでなく、養育者と

の適切な関わりがなかったために、赤ちゃん時代から発達していないバラバラな状態が残っている状況としても観察されます。適切な関わりのない環境では、トラウマ的な出来事は起きやすいですし、さらにトラウマが起きたときに、バラバラな自我状態であれば影響が出やすいからです。

こうして発達の初期にひどいトラウマを受けると、その人格状態を囲う壁（解離障壁といいます）がガッチリとできてしまい、他の人格状態との風通しがなくなってしまいます。

つまり「多重人格」と呼ばれてきた症状は、自我状態のバラエティがむしろ少ない上に、「この自分」と「あの自分」がスムーズにつながっていないのだ、という考え方ができるでしょう。その視点で見れば、そのような症状がない人の方が「超多重人格」——つまり数限りない自我状態をもっていて、状況に応じて無数の状態を行き来していることになるでしょう。

トラウマから回復し、解離を必要としなくなることとは、主体的にスムーズに心の状態を切り替えることを学んでいくプロセスでもあります。

＊身体の自然なコントロールができない

DESNOSのC症状は、身体に出てくる調節障害です。

喘息や、過敏性大腸炎、原因不明の疼痛、慢性疲労症候群など……。これらの症状も、自律神経系や免疫系の調節がうまくいっていない状態なのです。

虐待を受けている子どもや、DVを受けている女性の身体では、危機状態に対処するため交感神経系が興奮していますが、一方で、解離が起きることにより副交感神経系も刺激を受けています。これは、アクセルとブレーキが同時に踏まれているのと同じことで、身体のバランスが崩れてしまうのも無理はありません。

自律神経系の調節のためには、身体からのアプローチがおすすめです。一般に「養生」と言われているものが役に立ちます。温泉とまではいかなくて

も、お湯にゆったりつかったり、整体やマッサージを受けるなど。もちろん、睡眠やバランスのよい食事、適度な運動など、規則正しい生活を心がけることも大切です。

✳ 自分と相手

　DESNOSのD症状は、自分や相手、世界に対する見方、考え方に関するものです。
「帰属」といって、何かを自分のせいにしたり誰かのせいにしたりする考え方が多いのですが、他にもさまざまなものがあります。
「自分が悪いんだ」「自分は役立たずだ」「自分はちっぽけだ」「自分は汚れている」「こんな自分は恥ずかしい」……。
　トラウマ記憶は冷凍保存記憶でしたね。そのときの感情や感覚、その根っこになる見方、考え方（認知）がまだ生々しく残っているのです。自分を傷つけた加害者の考えをとりこんでしまっていることもあります。いずれにせよ、本来そうであったはずの「ありのままの自分の姿」ではなく、トラウマ記憶によって歪んだ鏡に映った自分の姿を見ているのです。
　同時に、相手のことも歪んだ状態で見ています。たとえば加害者の行動が間違っているのに自分が「そうさせた」のだと思ったり、加害者のことを理想化してしまったりします。一方で、親身になってくれる人が怖く思えたり、自分にとって安心な人に対して無性に怒りを感じたり、世間や世界そのものが怖くなったり、信頼できないと思ってしまいます。
　こうして自分や他人、世界が、実際の姿とは違って見えてしまうため、安定した関係を育てるのが難しくなります。人を信じることができなかったり、相手が自分の中に無遠慮に踏みこむことを許してしまったり、相手に限界があることを認められずに無制限に期待したり……。
　こうした中で、傷ついてきた人が再び似たような被害に遭ったり、逆に自分が加害者となってしまうという「トラウマの再演」が起きるのです。

＊生きている意味

　DESNOSのE症状は、人生観、世界観にまつわるものです。
　これまで述べてきたような、つらい症状を抱えたオオカミさん、すっかり絶望感にとらわれています。
　誰も助けてくれない。誰も信じられない。自分の人生に、いいことなんて起こるはずがない。いいことが起きたら、それは悪いことの前触れだ。この世界は裏切りと悪意に満ちている……。
　こうした見方、感じ方は、トラウマ記憶に刻印されたそのときの認知から来ているので、そう簡単に変わるものではないかもしれません。
　でも、自分がずっと長いこと「歪んだ鏡」でしか物事を見てこなかったと気づいたら？　その鏡を使うのはやめてみませんか。
「歪んで見えるメガネ」を強制させられていたと気づいたら？　見えにくいメガネは、はずしてみませんか。
　徐々に自分本来の姿が見えてきたり（素敵なところも、困ったところも）、周囲の人も現実のサイズで見えてきたり、人生もこの世界も、違った風景で現われてくるかもしれません。

＊嗜癖のこと

　もうひとつ重要な、慢性化したトラウマによる症状があります。それは、嗜癖（依存症、アディクション）です。アルコール・薬物依存などの物質嗜癖もあれば、摂食障害、ギャンブル、対人関係への依存などプロセス嗜癖といわれるものもあります。
　嗜癖は、DESNOSやPTSDの症状と密接にからんでいるのです。なぜならば嗜癖は、自分では調節できない強い感情を見ないようにしたり、なだめたり、自分の覚醒水準を調節するために、最初は役立つようにみえるから。
　常に周囲を警戒してピリピリしている状態の人は、抑制系の薬物（アル

コールや抗不安薬など）で覚醒水準を下げようとします。過食や、セックス依存、メールや電話に依存して常に誰かとつながっている安心感を得ようとすることなども、覚醒水準を下げる手段と言えます。

　逆に麻痺が強い、つまり健忘や解離を起こしがちな人は、覚醒系の薬物（覚せい剤が代表的）を使ったり、自傷行為が続いたり、強い興奮をもたらすような危険な行動にはまったりします。

　いずれにしても、もともとは自己調節のための試みだったのに、その行為自体がどんどんエスカレートしていき、自分に害をもたらしているのにやめることができないコントロールの障害に陥ってしまうのです。

　実は、こうした嗜癖によって、トラウマの後遺症が「未発症」の状態に保たれている場合もしばしばあります。依存を取り去ってみると、トラウマ症状が次々出てくる……。でもそれは、決して悪いことではありません。やっと本当の問題に光があたったのですから。ただし曲芸飛行をしていた飛行機が墜落しないように、支援者が注意深く見守ることが欠かせません。

　なお、PTSD症状そのものに依存してしまうこともあります。フラッシュバックを起こすと感情のカタルシスが起きたり、麻薬様の物質が分泌されることから、スッキリしたり、楽になってしまうのです。これが繰り返されるとPTSD症状は慢性化しますし、対人関係の中でわざとフラッシュバックを起こすような行動を繰り返したりします。

❸私は誰？

　オオカミさんは、ピカピカの新しい鏡を見ながら、考えこんでいます。
　……今まではずっと、自分はどうせ何をやっても嫌われ者だと思っていたし、自分でも自分のことが嫌いだった。生きていてもしかたないと思っていた。それでも、自分にとことん愛想を尽かしてはいなかったから、なんとかここに生きている。
「ダメで役立たずで誰にも愛されない自分」は、本当に自分なんだろうか？
　オオカミさんは、こわごわとお腹のへんの毛皮を引っ張ってみました。
　ずるっと動きます。おやおや？　今度はおそるおそる、頭の皮を引っ張ってみました。
　すぽん！
　自分だとばかり思っていたのは、オオカミの着ぐるみだったのです。
「症状」という着ぐるみを脱ぐことだってできるのだ！　そのことを初めて知った「元・オオカミ」さんでした。
　鏡を見ると、少し心細いような、戸惑ったような、自分の顔が映っています。今までは大人っぽく見せなくてはと虚勢を張っていたけれど、鏡の中の自分の顔は、思いのほか幼くも見えます。
「私はこれから、どうなりたいんだろう？」
　……回復の旅は続いていきます。

3章
トラウマからの回復 7つのステップ

人は生きていく中で、
どのようにして癒され、成長していくのでしょう。
——この章では、慢性化したトラウマからの回復、
そしてトラウマの再演を終わらせることについて、
ハーマンやハーヴェイが示した回復段階をもとに
した物語の形でたどっていきます。

この章は――

　慢性化したトラウマからの回復を始めたオオカミさんを主人公にしたストーリー仕立てになっています。
　ジュディス・ハーマンやメアリー・ハーヴェイが提示した回復のモデル(右ページ)を、道のりとして実感していただくためです。ところどころに【解説】も入れました。

　回復は、人の中で起きるものです。孤独の中に閉じこもっていたオオカミさんは、回復の道筋をさし示してくれる先輩や、共に歩く仲間たちと出会うことで、7つのステップを通っていきます。

　ここでひとつだけ注意を。
　オオカミさんは最初から、仲間たちの中で体験を語っていますが、これはオオカミさんがすでに1章・2章のようなトラウマについての「心理教育」を受けていることが前提です。
　複雑で深刻なトラウマを抱えた人の場合、いきなりグループで体験を語ることは危険を伴います。まずは一対一で支えてくれる支援者との関係からスタートすることが安全です。
　支援者の方々はトラウマ記憶を扱う際に、「安全・安心の確保」ができているかどうかをよく確かめ、「生活支援」を並行する(できれば生活の再建が先行するようにする)ことも忘れないでください。
(これについて、くわしくは5章にゆずります)

　とはいえ、なんらかのリスクを冒すことなしに、回復や成長は起こりえません。
　勇気をもってその一歩を踏み出したオオカミさんの物語をどうぞ――。

Column

《ジュディス・ハーマンによる回復の３段階》

1）安全・安心の確保
2）再体験
　（安心できる関係の中で、語ったり書いたりして過去を再体験する）
3）社会的再結合（社会的なつながりを作る）

《メアリー・ハーヴェイによる回復の７段階》

1）記憶想起の過程の主体者になる
2）記憶と感情の統合
3）感情耐性
4）症状統御
5）自己尊重感とまとまりのある自己感
6）安全な愛着
7）意味を見出す

ハーヴェイは、回復は、この７つの段階においてハーマンの３段階を繰り返していくものだとして、回復のモデルをさらに精緻化しました。

プロローグ

オオカミさん、赤ずきんと会う

　オオカミさんは、森の奥をぼんやりと歩いていました。ときどき、着ぐるみから顔を出すのですが、また不安になってスポッとかぶったりしています。どこかからカサッと小さな音がするだけで、あわててガオーッと吼えたりします。
　自分の苦しさが過去のトラウマから来ていることは理解できました。でも次にどうしたらいいのか、わかりません。
　人生はぐしゃぐしゃです。うまくいかないことばかり……。
　そこへ、向こうの方から楽しげな声が聞こえてきました。赤ずきんが仲間たちと一緒に歩いているところに、めぐりあったのです。
「オオカミさん、こんにちは！」
　赤ずきんが声をかけました。力強さと余裕に満ちた表情の赤ずきんは、回復の一歩先を進んでいました。
　赤ずきんたちは、「森の賢者」のもとへ出かけていくところでした。その人は仲間たちに指針をくれて、生き方のお手本にもなっている年老いた人物です。
　赤ずきんの説明を聞いて、オオカミさんもそこへ連れて行ってもらうことにしました。
　本当は声をかけられてすごく戸惑っていたし、自分なんかが一緒に行っていいのか不安だし怖かったのですが、そこへ行けばもしかして、何か変えられるかもしれないと思ったのです。

ステップ1 思い出すかどうか選ぶのは自分
——記憶想起の過程の主体者になる

「よく来たね！」
　森の賢者はオオカミさんを温かく迎えてくれました。
　他の仲間たちはテラスであれこれ話を始めていましたが、賢者はオオカミさんを自分の書斎に招き入れました。外の光が入る、心地よい部屋でした。

「飲み物は、水と、タンポポのお茶と、ミルク……どれがいいかな？」
　オオカミさんはドギマギしながら水を選びました。ここでは自分の希望がきいてもらえるんだ！　自分で選んでいいんだ！　とまずびっくりして、そして水を飲んだときには、胸がぽっと温かくなる感じがしました。
「ここで学ぶ最初のことは、自分の記憶の再生ボタンや停止ボタンを自分で押す練習だよ」

　賢者の話を聞きましょう。
　——たとえばね、私が友人と一緒に歩いていたら、向こうに湖が見えたとする。「そういえば昔、湖でおぼれかけたことがあったなあ」と、私は思う。

そこへ、友人が空を指さして「あの雲を見るとクリームパンが食べたくなるんだ」と話しかけてきた。私はどうするか？

おぼれかけた記憶を再生するのはやめて、空を見上げて雲の形について友人と話すこともできる。クリームパンよりチョコパンが好きだという話をすることもできる。

あるいは「私は湖を見ると、おぼれかけたときのことを思い出すんだ」と、昔の話を友人に語ることもできる。

つまり、何かのきっかけで浮かんできた記憶を、そのまま再生し続けるか、いったんストップしておくか、自分で選べるんだ。

でもトラウマ記憶を抱えた人にとっては、これは簡単なことじゃない。

いったん記憶の再生が始まるとストップがきかなかったり、再生しようとしても記憶が見つからなかったりするんだよ——

まさに、オオカミさんがそうでした。

オオカミさんは実はフラッシュバックに悩んでいました。これは、冷凍保存された記憶が何かのきっかけでいきなり溶け出してしまう状態です。過去のできごとが五感をともなってありありとよみがえり、現実と区別がつかなくなってしまうのです。

こうして止められない記憶に圧倒される一方で、自分のことなのに記憶がぽっかり抜けていたりします。

これが「症状」であることを知っただけでオオカミさんは少し楽になったのですが、もしも記憶のボタンを自分で押せるようになったなら、ずいぶん生きやすいだろうなあ……と思いました。過去に引きずり回されずにすむからです。でもどうしたら、再生ボタンやストップボタンを自分で押せるようになるのかな？

——その方法のひとつは「安全な中で記憶が再生できる」体験を、何度もすることだよ。これから、仲間たちのところへ行ってみよう。みんなが記憶の

再生をやっているから、その話を聞いてごらん。聞いているうちに、自分も話したくなったら話せばいいし、話したくなければ黙っていればいい。さて何が起こるか見てみよう──

＊苦しいのは　自分だけじゃなかった

　みんなの話は、わかるところもあればよくわからないところもありました。でも、どの人も大変な目にあってきたことだけは、伝わってきました。「自分だけじゃなかった」とわかったオオカミさんは、体験を話すことにしました。記憶の再生ボタンを、おそるおそる自分で押してみたのです。そして、子ども時代に虐待を受けていたことを、たどたどしく話し始めました。
　話しているうちに混乱してきました。あちこち話が飛びました。急にわきあがる、よくわからない感覚に言葉を失い、黙ってしまうことも何度かありました。ハッと我に返ると、一人でずいぶん長いこと話していたことに気づきました。
　しまった！　どうしよう！　慌てて周囲の様子をうかがいました。
　あきれていないか？　腹を立てていないか？　困惑していないか？　場違いなやつ、と思っていないか？……誰ひとり、不愉快な顔をしていませんでした。全員がとても暖かい目で、自分の方を見ていました。
「よく……話してくれたね」
　森の賢者が言いました。
　オオカミさんは両頬に涙がつたうのを感じました。でも、どうして涙が出るのか、自分でもわかりませんでした。

＊安全と安心のためのリスト

　最後に、オオカミさんは森の賢者から宿題をもらいました。
　それは「自分の安全を守る」こと。

次に賢者の家を訪問する日まで、何よりも安全と安心を第一に暮らすのです。そのために自分に問いかける項目のヒントをもらいました。
☐ この場所は安全か？
☐ 目の前にいる人は安全か？
☐ この話を今ここでするのは安全か？
☐ あそこへ出かけるのは安全か？
　こうして安全を確認しながら、安心して落ち着くことを学んでいきます。

　オオカミさんは家に帰ると、リストを見ながら宿題にとりかかりました。
　まず自分の家を見まわし、長いこと窓が壊れたままになっていたことに気づいたので、修繕しました。安全と安心のためです。
　昔なじみのトラが「森のやつらを脅かそう」と誘いに来ましたが、うずくまって耳をふさいでドアを開けませんでした。安全と安心のためです。
　何かイヤな感じがこみあげてくると、森の賢者の家の、あの心地よい空間を思い浮かべて深呼吸をしました。
　オオカミさんは自分のなかに安全で安心な空間をつくるのが、少しずつ上手になってきました。

> **解説**
> 　涙の理由がわからないのは、まだ自分の体験に感情のラベルがついていないから。感情を認知できなくなるのはトラウマ体験の特徴です。でも体験と感情がつながりかけているからこそ、涙が出てきたのです。
> 　なおトラウマを抱えた人の中には「解離性同一性障害」といって、自分だけでは抱えられない記憶を別の人格状態が保持していることがあります。そういうときには、まず人格状態同士の葛藤を解決した上で、トラウマの治療が行なえる専門家の関わりが必要になります。

ステップ2 あのときの痛みを語る
──記憶と感情の統合

　森の賢者と約束した日があるというのは、オオカミさんにとって、とても不思議な感覚でした。自分を待っていてくれる人が、世界のどこかにいるのです。そこへ行けば、赤ずきんや仲間のみんなとも、会うことができるのです。

　そう考えると、また、胸がほわっと温かくなるような、同時に、もぞもぞと落ち着かないような、妙な感じがしました。オオカミさんは今まで、誰かと一緒にいて安心したことがなかったので、安心すると落ち着かなくなってしまうのでした。

　ちっとも食欲がない日もあれば、なぜだかたくさん食べてしまう日もありました。なかなか眠れない日もありました。それでも何とか日々が過ぎ、約束の日が来ました。

　今回は、最初のときよりも、みんなの話が耳に入ってきました。

　ハリネズミさんは、小さなころにささった心のトゲがうずくうちに、そのトゲがだんだん身体の外に出てきてしまったそうです。本当は誰かと仲よく

なりたいと願っているのに、近づいてきた人をトゲで傷つけてしまうというのです。

　酒瓶さんや、注射器さんもいました。束の間の眠りのためにお酒を飲んだり、マヒした感覚を取り戻そうとして薬物を使ってきたそうです。酒瓶さんはかつて学校でいじめを受けていました。注射器さんは、バラバラで気持ちがつながれない家族の中で、みんなの痛みを投げつけられながら育ちました。

　オオカミさんは、前回より順序立てて過去を語りました。でもどこか、自分の話という感じがしませんでした。

＊毎日わいてくる感情には、根っこがある

　森の賢者がみんなの顔を見渡しながら言いました。
「今日は、記憶と感情がつながる、ことをテーマにしてみよう」
　そして話を始めました。

　——私はずっと昔、迷子の感情が風船みたいにぷかぷかしている中で暮らしていた。その風船が、いきなりバチン！　と破裂するんだ。歩いていると、バチン！　誰かと話していて、バチン！
　このバチンは、今でいうなら、不安、恐怖、敵意、混乱、疑い、絶望、怒り、不信……。でもあの頃は正体のわからないバチンバチンがどうして起こるのかわからずに、こんなのひどすぎる、もう我慢できない、と思っていた。
　湖でおぼれかけたことや、クマに追いかけられたことは、どこか他人事だったね。そういうことがあったのはわかっているし、そのときの苦しさで胸が詰まる感覚もある。でも妙なことに、自分自身に起きたことだという感じがしないんだ。
　……今は違う。「あのときは、本当に苦しかった、こわかった」と言えるから。何度も話すうちに、それは「自分のこと」で、しかも「過去のこと」だ、

と腑に落ちたんだ。

　毎日わいてくる感情も、ぷかぷか風船じゃなく、ちゃんと根っこがある。たとえば、何かが思い通りにいかなくて「がっかりだ」とか、あの人が今どうしているか「心配だ」とか、解決する方法が思いつかなくて「困ったな」とか、その感情がどこから来るのかわかるようになった。そうすると正体不明のバチン！　に悩まずにすむんだよ──

　オオカミさんは、賢者の言葉をかみしめていました。確かに今まで、どこから来るのかわからない感情に、ずいぶん振り回されてきたなあ、と。
　ではあのときは？
　賢者にうながされて、オオカミさんはもう一度、子ども時代のことを話し始めました。
　お父さんから殴られたことや、いろいろひどい目にあったこと……。
　怖かったのです。痛かったのです。悲しかったのです。自分は誰からも愛されないのだと思ったのです。
　オオカミさんは、泣きながら話しました。今まで、人前で泣くなんて「恥ずかしいダメなやつ」だと思っていました。でも今、怖くて悲しくて泣いている自分を、ダメなやつとは思いませんでした。みんなの輪の中で泣いているうち、怖さと悲しみの涙が、安心の涙に変わっていきました。そして最後には、わーわーと大きな声をあげて泣きました。

> **解説**
> 　思い出しても安全だった、という体験を重ねるうち、過去の記憶にまつわる感情が感じられるようになります。特に涙を流すことによって、記憶と感情の統合が起こります。

自分の気持ちが受けとめられる
——感情耐性

「感情とは、身体の状態のことなんだよ」

　森の賢者がそう教えてくれたので、オオカミさんは自分の身体の感覚に注意を向けるようになりました。胸のあたりがざわっとしたり、お腹が重く感じたり、背筋がつっぱったりするたびに、「これはどんな気持ちなのかな?」と探ってみるようにしたのです。

　最初は「イヤな感じ」としかわからなかったけれど、少しずつ「これかな?」とわかるようになってきました。

「ドキッとした」「こわい」「さびしい」……。

　森の賢者のところへ通う回数が増えるにつれて、みんなの前で自分の気持ちを言葉にすることが少しずつできるようになってきました。

「昨日はひどい嵐で、みんなのことが心配だった」と言ったり、森の賢者が焼いたクッキーを「ありがとう」と受けとって「なんておいしいんだろう」と目を丸くしたりしました。

✴苦しくても、わめくのはやめなさい

　一方で、今までは気づかなかった苦しさにも気づくようになりました。
　たとえば、仲間の中で一番仲よくなったハリネズミさんの、ちょっとした言葉に傷つくようになりました。ハリネズミさんは暴力をふるったりはしないけれど、言葉の端々がきついのです。
　酒瓶さんや注射器さんも、いつもどこか不安定で、自分のそばにいてくれるのか、離れていこうとしているのか、わからない感じがして、なんだか怖くなることがあります。
　そしてさらに、赤ずきんを見ていると、妙に落ち着かない気持ちになるのです。ここに連れてきてくれたのだから、「ありがとう」と言わなければと思うのに、うまく話ができません。それどころか、明るく元気な赤ずきんを見ていると、なぜだかイライラして腹が立ってしまうのです。
　オオカミさんは、このよくわからないモヤモヤを、森の賢者にぶつけました。ここはひどい場所だ、あんたのやり方がおかしいのだ、と訴えて「もう来ない！」とわめいたり、地団太を踏んだこともありました。
　森の賢者はそのたび、言いました。

「苦しいんだね？　つらいんだね？……だからといって、わめくのはやめなさい。わめけばわめくほど、苦しくなるよ。感情のなかでも怒りや憤りに類するものは、表現することだけでは鎮まらないものなんだ。どんなことでどんなふうに苦しいのか、言葉を探してごらん。少しずつ、それを誰かに言えるといいね」

> **解説**
>
> 　自分の気持ちがわかってくると、他人の感情も少し見えてきて、他人の行動が引き起こす自分の感情も見えてきます。
> 　最初は、こうした感情に圧倒されて、感情を扱いかねてしまうので、さまざまな場面で苦しくなるでしょう。
> 　もがきながらも、一歩ずつ進んでいくと、次のようなことができるようになっていきます。
> ＊過去の感情と、「今・ここ」での感情が区別できる。
> ＊自分の中にとりこんだ他人の感情と、自分自身の感情が区別できる。
> ＊矛盾した感情を同時に感じることもあるのがわかる。
> ＊いい気持ちとイヤな気持ちという白黒の状態ではなく、さまざまな「気持ちの幅」がわかる。
> ＊そういうさまざまな幅をもった気持ちに「耐えられる」ようになる。これを感情耐性の獲得という。

「引き金」に気づく──症状統御

　ある日、オオカミさんが森の賢者の家に出かけて帰ってきた夜のこと。それは突然起きました。自分の家の中で、お父さんの足音がするのです。

　オオカミさんは思わずテーブルの陰にしゃがみこみ、頭をかかえて、ぶるぶる震えました。

　それでも心の半分では、わかっていました。……これは現実ではない。フラッシュバックだ。

　オオカミさんは自分を落ち着かせるため、あのときと違っているところを数え上げます。

　自分は幼い子どもではない。もう大人だ。自分は一人暮らしだ。だからお父さんがここにいるはずがない。

　でも何か似ているところがあるから、フラッシュバックが起きたのです。似ているところ、つまりフラッシュバックの「引き金」になったのは、なんだろう？

　今は夜。お父さんが帰ってきてお母さんや自分に暴力をふるったのと同じ夜だ。それから、風か何かのぐあいで家がぎしぎしいったのかもしれない。

それだけだろうか……？

オオカミさんは気づきました。もっと大きな引き金があったことに。グループのときからだった気がする……。

あの頃と同じ気持ちを、オオカミさんは、グループの中でも抱えていたのでした。それは「誰にも言えない！　誰もわかってくれない！」という叫び。

仲間たちとの間で感じているモヤモヤが心の中で大きくなっていたのに、それを、自分一人の中に抱えこんで、誰にも言わずにいたのです。

あぁそうだったのか、と気づいたら、固まっていた全身の力がすっと抜けました。オオカミさんは、「今度みんなに会ったとき、自分が気づいたことを話そう」と決めました。

＊過去の繰り返しをストップするために

森の賢者のグループで、オオカミさんは話しました。

傷つけられた思い。自分が相手を傷つけてしまったと不安になること。すぐに裏切られたと思ってしまうこと。みんなが自分から離れてしまうのではと心配になること。いろいろなことで怒りを感じること。

そういうすべての気持ちを、言ってはいけない、言ったら嫌われる、どうせわかってもらえない、と考えて口に出せずにいたこと──。
「それがフラッシュバックの引き金になったんだと気づきました。これって、過去の繰り返しをやっているということだったんです。もしかしたらフラッシュバックにならなくても、今まで『誰かにひどいことをされた』とか『ひどいことを言われた』と感じた体験も、過去の繰り返しだったのかなと思うようになりました。これからは、自分だけで気持ちを抱えていないで、口に出してみることにします。どうなるか不安だけど、へんなことも言うかもしれないけど、もう、繰り返したくないから……」

涙をこぼしながら語るオオカミさんの言葉に、みんなはしーんとして聞き入っていました。

> **解説**
>
> 　症状が完全になくならなくてもいいのです。
> 　大切なのは、症状が出てきたとき「これは症状なんだ」とわかること。その状態に対処できること。そして、どんな時に症状が出るのかがある程度わかって、あらかじめ備えができることです。
> 　この「引き金」（トリガー）を探る作業は、回復を進める上で大事なことも教えてくれます。
> 　フラッシュバックに限らず、急に攻撃的になったり、特定の問題に向き合えず避けてしまったりするとき、過去のつらい体験と共通した「何か」が起きていることは多いのです。それが何かわかるのは、とても大きな気づきです。
> 　なお、フラッシュバックの対応や予防については、支援者向けの5章でくわしく説明しています（121ページ）。当事者やご家族にも役立つ内容なので、どうぞお読みください。

大切な自分の価値を認める
―― 自己尊重感とまとまりのある自己感

　語り終わったオオカミさんが顔をあげました。ほほに涙のすじが残っていましたが、笑顔でした。なんだかすっきりとした感じがしました。
　みんなから拍手がわきました。
　森の賢者も力いっぱい拍手をして、言いました。
「オオカミさんは、今、すごいことを成し遂げた。よくやった。本当によくがんばった！」
　こんなふうに誰かにほめられるのは、初めてのことです。オオカミさんは頭から爪先まで真っ赤になっているような気がしました。落ち着かないけれど、ちょっと誇らしいような気もする……。
　賢者はめずらしく、全員に宿題を出しました。
　次に集まる日までに「自分のいいところ」「自分が成し遂げたこと」「自分が以前より進歩したところ」を、なるべくたくさん書き出すのです。

＊**自分の価値に気づく**

　この宿題は、とても大変でした。
　オオカミさんはノートに「自分のいいところ」と見出しを書きましたが、白いページをにらんだまま、いつまでたっても何も書けません。
　自分のダメなところだったら、いくらでも書けるのに、いいところなんて！
　しかたないので、「**自分が成し遂げたこと**」を先に書くことにしました。
▶森の賢者のところへ行った。
▶みんなの前で体験を話せた。
▶みんなと仲間になれた（たぶん）。
▶みんなの前で、自分が言えなかった気持ちがフラッシュバックの「引き金」になったことを話せた。

「**自分が進歩したこと**」は、１年前の自分や、半年前の自分を思い浮かべながら書いてみました。
▶安全に気をつけるようになった。
▶危険な相手を遠ざけた。
▶ずっと泣くことなんてできなかったのに、涙が出るようになった。
▶自分の気持ちがわかってきた。
▶フラッシュバックが起きても、そのまま危険な行動をしたりせず「今・ここ」の現実に戻れた。
▶前よりも、自分のことを大事に思っている（たぶん）。

　そこまで書いてから「**自分のいいところ**」に戻りました。ためらいながら、書き始めました。
▶けっこうがんばっているところ。
▶賢者からの宿題を一生けんめいやろうとするところ。

▶勇気を出せるときがある（出せないときもある）。
▶正直になれるときがある（なれないときもある）。

　……どうもうまくいかないなあ、こんなのでいいのかなあ、と思いながらも、新しい一言をノートに書くたびに、その文字がきらきら光って自分の中に入ってくるみたいに感じました。
「がんばっている」
「一生けんめいやろうとする」
「勇気を出せる」
「正直になれる」
　ひとつひとつの言葉が自分の一部として、カチッとおさまっていくようで、ちょっぴり力がわいてきました。

> **解説**
>
> 　トラウマを抱えた人は、恥や罪責感、自分を否定する気持ちなどが強く、なかなか自分の価値を認められません。
> 　まずは日々のちょっとした進歩に気づいて、がんばっている自分を認めてあげること。そのささやかな積み重ねの中で、少しずつ「大切にする価値がある自分」という感じが生まれてきます。
> 　そして次には、弱みや苦手なことも含めて、自分や他人と「折り合いをつける」という課題がやってくるのです。

関係を育てる──安全な愛着

　オオカミさんは、仲間たちとの間に起きている問題について、森の賢者の前で正直に話すことにしました。
　まずオオカミさんが話したのは、こんなことでした。

▶ハリネズミさんに、ひどいことを言われて、傷つけられた。こんなことも、あんなことも言われた。
▶あんまりひどいから、自分はハリネズミさんの帽子に噛みついてやった。でもハリネズミさんが泣いたから後悔した。
▶酒瓶さんが「我慢するのはよくない」と言ったからハリネズミさんにやり返したのに、今度は「我慢も大事だ」なんて言う。酒瓶さんは信じられない。
▶注射器さんは自分のことを無視する。だから自分も注射器さんを無視していたら、赤ずきんちゃんに注意された。自分ばかり叱られて不公平だ。
▶赤ずきんちゃんは、賢者さんに特別扱いされている。だから、みんなにも

大事にされて、ちやほやされて、ずるい。
　うなずきながら聞いていた森の賢者はゆっくりと言いました。

——オオカミさんはこの間、過去の繰り返しのことを話していたね。今話していたことも、よりマイルドにはなっているけれど「過去の再演」だと、自分でも気づいているんじゃないかな。
　私もそうだったけれど、再演が起きているサインは、自分が「被害者」になったり「加害者」になったりしていることなんだ。「あの人に○○された！」というのは被害者になっている。「だから○○してやった！」というのは加害者になっていることなんだ。大切なことは、被害者にも加害者にも、そしてそれを傍観する人にもならない、三角形の３つの角の真ん中にしっかりと立つことなんだよ——

＊問題が起きても、関係はこわれない

　オオカミさんは森の賢者と一緒に、ハリネズミさんに気持ちを伝える練習をしました。
「あんなにひどいことを言って私を傷つけた！」というのは、相手を加害者にして自分は被害者になった言い方です。相手を責めるのではなく自分を主語にして気持ちを言う方法を、オオカミさんは賢者を相手にして何度も練習しました。そしてハリネズミさんに伝えました。
「私は、口が大きいとか牙があるとか言われると、傷つくんだ。もう言わないでほしい。だけど、そのことでハリネズミさんの帽子に噛みついてごめんね」
　ハリネズミさんは言いました。
「帽子のことは、もういいよ。私もオオカミさんに言ったことが、ずっと気になってた。本当は仲良くしたいのに、ついトゲトゲしちゃうことがあるんだ。これからも気づいたら教えて」

オオカミさんはホッとして、うれしくて、飛び上がりたいほどでした。
　今までは、友だちだと思った相手でも何かちょっとした行き違いがあると、関係がダメになっていました。でも、ハリネズミさんとはこれからも友だちでいられるとわかったからです。

＊人はみんな不完全な存在

　次に森の賢者は、酒瓶さんを書斎に呼びました。オオカミさんと、三人で話し合いです。
　酒瓶さんが「我慢するのはよくない」と言ったのは、ハリネズミさんの言葉に傷ついているオオカミさんのことを思っての助言でした。
　でもオオカミさんがハリネズミさんの帽子を破ったので、あわてて「我慢も大事だ」と言ったのです。
　森の賢者は、しみじみと話しました。

――善意で言ったことでも、説明が上手ではない場合もある。なにしろ、人には限界があるからね。オオカミさん、みんなが自分のために完ぺきな行動をしてくれることは、ありえないんだよ。
　どんな人も、いろんな間違いをする。私もだ。
　それに、人の気持ちはいつも同じではない。誰かにやさしくできる日もあるけれど、他の人を思いやる余裕がない日だってある。
　オオカミさんだって、同じだよね。そのことで自分を責めたり、相手を責めたりするよりも、人はみんな不完全なんだ、と気づくと楽になれるよ――

　……突然、酒瓶さんがオイオイ泣き出したので、オオカミさんはびっくりしました。
　酒瓶さんは、子ども時代のつらい体験から、「困っている人は助けなければいけない」「間違いを見つけたら正さなければいけない」と信じて生きて

きました。でも実際には、うまく助けられなかったし、世の中は間違いだらけです。情けなさと怒りと絶望の中で、お酒が手放せなくなったのでした。今はどうにかお酒をやめて、少しずつ人との関係に踏み出したところです。でも、うまくやれないことばかりで、自分を責めては、お酒が恋しくなるのでした。

　だから「人には限界がある」「人は間違うものだ」という賢者の言葉が、まるで自分に向けられたもののように、しみこんできたのです。

　オオカミさんは家に帰ってからも、酒瓶さんの涙が忘れられませんでした。この日初めて、酒瓶さんが一日一日、飲まないときを積み重ねている大変さを知ったのです。

　すごいなあ酒瓶さんって——そうつぶやきながら、オオカミさんは鏡に映った自分の着ぐるみを、じっと見つめました。大きな口、鋭い牙、ぴんと立った耳。ごわごわの毛。

　好きでかぶっていたわけじゃない。それでもこの着ぐるみは、長いこと自分を守ってくれるものでもあったんだ。酒瓶さんのお酒と一緒かな。他の人から見たらこわいとか、へんなかっこうだとか、思うかもしれないけど、自分なりに着慣れて愛着だってある。

　だけど……。

> **解説**

　オオカミさんの「着ぐるみ」は、精神分析の言葉でいえば「防衛」と呼ぶことができるかもしれません。発達期の子ども時代に何らかの被害が起きると、1章でご説明した3つのF（逃走―闘争―凍結）の防衛反応が起きやすくなり、気持ちを調整・統合しにくくなり、ひいては「被害・加害の関係」にハマりやすくなってしまうのです。
　さて、ここまでのお話で大切なことが2つあります。
　ひとつはまさに、「被害・加害の関係にハマらない」ということ。
　虐待を受けて育った人が、大人になってから何度も同じような被害にあったり、再演するかのように被害を引き寄せてしまうことがあります。そのとき「また被害者になったかわいそうな私＝でも悪いのは他の人」と思っていたら、その後に自分を守ることはできません。
　被害にあったことについて自分を責めないことは大切です。暴力や性犯罪の責任が「被害者にではなく、加害者にある」ことは当然なのです。そして、どうしても自分を責めがちな被害者に対して「あなたは悪くない」と繰り返し伝えることは必須です。
　自分が悪いのではない、ということが腑に落ちたら、次の段階として、「自分がなぜあのとき、再びあんな目にあったのか」について、最初の被害との関係を探ることが自分を守る手がかりになります。たとえばですが、最初の被害によって解離しやすくなり、解離している間に危険な性関係をもってしまうことに気づいた人は、次からは、解離しないように自分を保つことを学習することができるのです。
　さて、もうひとつ大切なのが、自分自身や他人と「折り合いをつける」こと。安全な関係の中でも傷つきはあります。そんなとき、自分もほかの人も完ぺきではなく限界をもっていると認められること。そして自分の苦しみだけでなく、他の人も苦しみを抱えていることがわかるようになること。決めつけでも非難でもなく、自分を主語にして自分の気持ちを語り、それが受け入れられる体験ができること。お互いを気遣い、支えあう関係を体験できること。こうして、相手との対等な関係を育てられるようになっていくのです。

ステップ7 人生という物語
――意味を見出す

　ある日のこと、オオカミさんはついに着ぐるみを全部脱いでみました。その毛皮を眺めるうち、これで何か別のものができないかなと思いました。ふと頭に浮かんだのは、最近仲直りした注射器さんのことです。注射器さんはオオカミさんのことをわざと無視したのではなく、別の世界の何かを見ているときがあるのでした。

　注射器さんはすごくおしゃれで、髪の毛は5色だし、肩や腕にはきれいな絵が彫ってあって、かっこいいのです。でもその絵をほめたら、「これみんな、薬をやってた過去の自分だよ。お金をためて、全部消すんだ」と言うのです。会話を続けるのに困って「どうやってお金をためるの」と聞くと、意外なことに注射器さんは身を乗り出して、自作のアクセサリーを見せてくれました。オオカミさんがその出来ばえに感動すると、次の日にはデザインをたくさん描いたスケッチブックも見せてくれました。

　そんなわけでオオカミさんは、注射器さんに相談して、いくつかヒントをもらいました。試行錯誤の果てにかつての着ぐるみから、ファー（毛皮）のクッションやストラップができました。鋭い牙は磨いて、月の形のペンダントにしました。

　つくるのに時間がかかったので、その間、オオカミさんは家にひきこもっていましたが、できあがったときには達成感がありました。

できた作品は、注射器さんと一緒にバザーに出して売りました。
　そのお金を持って、オオカミさんは、三匹の子ブタのところへ行きました。
「家をこわして、ごめんなさい。本当は一緒に遊びたかったのに、こわがられてしまったと思って悲しかったから、あんなことをしました。本当にごめんなさい。実は、あのとき着ていた着ぐるみでクッションをつくってバザーで売りました。そのお金を、どうか受け取ってください」
　子ブタたちは、あんなに凶暴そうに見えたオオカミさんが、実はこんなにか細い姿だったことに戸惑いながらも、しぶしぶ言いました。
「そんなに言うならもらっておくけど。でも、許したわけじゃないからね」
　許してもらえなくてもいい、心からの謝罪を伝えられただけでよかったと、オオカミさんは思いました。

解説

　着ぐるみからいろいろな作品ができたというのは、「トラウマ体験や回復の体験を他の人に伝える」ことだけを指しているのではありません。
「サバイバーミッション」（トラウマから生き延びた人が、トラウマを抱えた他の人を助けることを自分の使命とすること）にとらわれないでほしいのです。
　いつまでもそのことをやり続けているために、自分自身の人生に踏み出せないということが、よく起こります。
　回復とは、被害者でも加害者でもなくなり、サバイバーでもなくなり、そういう一般的な名前ではくくれない「他の誰ともちがう、私でしかない私」になることです。
　回復の過程において、あなたが誰かに過去のトラウマ体験を語ることだけが、誰かを救うメッセージになるのではありません。それを生き延びたあなたの身体の動きや声が、あなたの創る詩や奏でる音楽や描く絵が、人に何かを伝えます。
　あなたが生きているだけで本当に十分なのです。

＊あなたは大切な人

　子ブタが驚いたように、本当のオオカミさんは手も足も細く、力も弱いのでした。今までは「威嚇するために」着ぐるみをつけていましたが、これからは「自分の人生を生きるために」力をつけたいと思いました。
　きちんと食べよう、走って体を鍛えよう……。
　毎日をそうやって過ごしていると、世界が前よりもくっきり鮮やかに見えてくるような気がします。
　今、オオカミさんが一番気になっているのは、赤ずきんのことです。
　ある日、森の賢者のところで話をしたあと、みんな一緒に外に出て遊ぶことにしました。風はそよぎ、お日さまがぽかぽかと照らしていました。
　オオカミさんは、日の光の中で楽しそうに踊っている赤ずきんに声をかけました。赤ずきんはゆっくりと振り向きました。
「私をここに連れてきてくれて、本当にありがとう。実は……赤ずきんちゃんに……言わなければならないことがあるんだ」
　日差しが一段と強くなり、逆光で赤ずきんの表情が見えなくなりました。
　これを言ったら嫌われるかもしれない……嫌われるのは怖い。でも、今言わなかったらずっと言えない気がする……。
「小さいころ、赤ずきんちゃんに襲いかかったのは、私なんだ。もう赤ずきんちゃんは覚えていないみたいだけど、私は最初に会ったときから、ずっと気になっていて、でも、言えなかった」
　赤ずきんは無言です。オオカミさんは話を続けました。
「私は誰からもろくに面倒をみてもらえなかった。なのに赤ずきんちゃんはみんなにかわいがられて、幸せそうだった。悔しくて……みじめで……だから……おばあさんに化けて……お見舞いのときに……。あのときは本当にごめんなさい！　そして、今まで黙っていてごめんなさい！」

　太陽が雲に隠れました。赤ずきんはまっすぐにオオカミを見ていました。

その表情は、予想していたような驚きでも、嫌悪でもありませんでした。
「知っていたよ」
　と赤ずきんは言いました。
「あのとき襲われて、私はいっぱい泣いた。食べられて死んじゃうと思った。こわかった。でもオオカミさんも本当は、いっぱい泣いていて、こわかったんだよね。あのときはそれがわからなかったけど、今はわかる。だからもうオオカミさんのこと、こわくないよ。オオカミさんは、私の大切な仲間だよ」
　そのとき……オオカミさんにとって、世界の意味が変わりました。風も、光も、鳥のさえずりも、揺れる草花も「あなたは大切な人」と語りかけてくるようになったのです。

＊自分の足で歩く

　こうして、いろいろな体験がつながって、人生という物語になっていきます。
　オオカミさんは、ハリネズミさんと、ふだんもよく会うようになりました。
　酒瓶さんは森をパトロールする仕事を始めました。注射器さんはバザーに出した作品がきっかけでアクセサリーのデザイナーと知り合い、仕事を手伝うことになりました。
「ほんのちょっとした手伝いだけど、楽しいんだ」と話す注射器さんは、肩

や腕の絵を消すかどうか、迷っているそうです。そうしようと思っていたんだけど、デザイナーにも、かっこいいと言われたとか……。

　みんなでそんな話をしながら、森の賢者の家に着くと、賢者は留守のようでした。ドアの鍵はあいていて、書斎の机の上に、手紙がおいてありました。

　　みなさんへ──

私は旅に出ることにしました。
この一生を終わる前に、世界中の美しい場所をたくさん訪れたいのです。
もうみなさんは大丈夫、これからは自分の足で歩けます。
何かつらいことがあったら、「森の賢者なら、どんな言葉をくれるかな？」と考えてごらんなさい。その言葉を、自分にあげなさい。そう、私はこれからもみなさんの心の中にいます。
みなさんの人生に起きることは、つらいことにも
うれしいことにも、必ず意味があります。
困難なときも、その意味を探りながら先に進めば
きっと何かが見えてきます。
いろいろな夢も生まれてくるでしょう。
どんな人でも、一人ではできないことがたくさんあります。
ためらわずに助けを求めなさい。
誇りを持って、前に進みなさい。
よき1日を！
それを積み重ねて、よき人生を！

Column

《加害者を許さなければいけないの？》

　赤ずきんがオオカミを許す場面を読んで感動する人もいれば、どうして許せるの？　と疑問を持つ人、中には裏切られたような気持ちがする人もいるでしょう。

　どんな気持ちを持っても構いません。その気持ちを大切にしてください。こう思わなければいけないということはひとつもありませんし、さらに言えば、自分の今の気持ちには、必ず過去からくる根っこの気持ちがあるので、それとつながれるといいなと思います。

　私が「許す」場面を作ったのには、いろいろな理由があり、それはあとがきに書いてあります。でも、最大の現実的な理由は、2人の協働を書くためには和解が必要だった──2人が存在しないと、文字通り、お話にならなかったからなんです。この本は「正しい在り方」を伝えるためのものではなく、エピソードを通して、自分の中の何かを認識したり、気づいてもらうための本です。だから、まず「加害者を許す必要はありません」と大きな声で伝えたいと思います。

　許しについて、ジュディス・ハーマンによる回復の3段階に合わせてお話ししてみましょう。

　最初は、自分が被害を受けたということすらわからないときがあります。むしろ加害者のことを考えることもできなかったり、逆に、妙に近づこうとしたり、闇雲に許したいと思ったりもします。この第1段階は「安全・安心の確保」が課題です。

　安全が確保されると、「再体験」の段階に進みます。自分が被害を受けたこと、その影響が深刻に自分を冒していることに気づき、深い怒りや悲しみを感じ、許せないと思うことができるようになります。ハーマンはこの第2段階を「再体験・服喪追悼」と名づけました。あのことさえ起きなかったら、自分はこうだったはずなのに。本来「こうであったはずの自分」を悼むつらい作業です。

　どんなに「本来の私を返して」と叫んでも、誰かが返してくれたりすることはないと受け入れていく過程で、「今・ここ」の自分が回復の主体だということに気づきます。回復の責任は自分にあるというのは、そういうこ

とである、本来は、社会的にも、制度的にも、心理的にも、多くのサポートが必要です。自分の弱さだけでなく、生き抜いた強さにも気づき、「今・ここ」の、人の助けやつながりの中にあることが実感できるようになるうちに、加害者の存在は遠くなり、過去にとらわれにくくなります。第3段階「社会的再結合」です。

その行ったり来たりする苦しく、でも喜びもあるプロセスの中に、加害者からの真摯な謝罪があれば、いいのに。ハーマンは著書『真実と修復』の中で第4段階「正義」を設定し、個人的なレベルでも、コミュニティのレベルでも、正義が得られにくいことを描き出しました。社会が被害を否認したり隠ぺいしたりする傾向にある中で、真の謝罪など得られるでしょうか。そんな状況で加害者を許すことを強要するのは、一種の暴力です。

ひとつ種明かしをしましょう。このエピソードを最初に書いたとき、私は加害者を許したい、あるいは許さなければ、という防衛的な衝動を持っていたと思うのです。その後、自分が忘れていた過去の詳細を思い出したとき、私はその衝動の奥に潜んでいた感情：①許したいのに許せない、②自分を守れなかった、③「正しく賢く」在れなかった、そんな自分に対する深い怒りや悲しみを認識し、被害の影響を受けた心身と取り組み始めました。今思えば、それは「私の中の赤ずきんとオオカミさんの和解」のプロセスだったように思います。「そんな自分」を許すのが、もっとも大切だったかもしれません。

今、私の中には＜加害者＞がいません。ただの私がいるだけです。そのお話を書くのには、まだまだ時間がかかるかもしれません。

4章
災害トラウマの特徴と身体からのアプローチ

地域全体にふりかかる突然の災害。
その町で暮らす人々に、何が起きるでしょうか。
支援者たちは、どんなことに直面するでしょうか。
——この章では、災害によるトラウマの特徴と、
回復までのプロセス、そして有効なアプローチとして
身体を使うワークについても考えてみます。

この章は――

　３章から続く物語仕立てです。かなり時間がたっています。
　主人公は、成長した赤ずきんです。同じく成長したオオカミさんも登場します。
　この地域が災害に襲われ、彼らは支援者として活動することになります。被災したコミュニティに何が起きるか、回復のために何が必要か、そして支援者の二次受傷やトラウマに対する身体からのアプローチについても触れます。

プロローグ

おとなになった赤ずきん

　赤ずきんは森を出て町の大学で学びました。卒業後は町の病院で働いて、たくさんのクライエントに出会いました。

　しばらく時が流れ、赤ずきんは森の村に帰ろうと決めました。村でささやかなカウンセリングルームを開くことにしたのです。すでに結婚して子どもたちもいるので、町の喧騒を離れ、穏やかな森の暮らしの中で子どもの成長を見守りたいという気持ちもありました。

　赤ずきんのカウンセリングルームは、心が疲れたり傷ついたりした人たちの休息の場となりました。忙しくも充実した日々があっという間に過ぎ、数年がたったある夏のこと。この地域を、大規模な山火事が襲いました。

　始まりは落雷でした。

　雷による自然発火が、乾燥した空気のなかで樹木を燃え上がらせました。森は大火事です。赤ずきんの村は風上だったので火災をまぬがれましたが、風下にある隣村は炎に襲われました。

　ただごとではない様子が、赤ずきんの耳にも伝わってきます。

　私に何かできることはないだろうか？

　赤ずきんは、支援に出かけることにしました。

森の村に何が起きたか
（災害ストレスとコミュニティへの影響）

＊境界の村

　森の火事はなかなか収まりませんでした。風下の隣村では、強風にあおられて被害がたちまち広がりました。村の北側を火がなめつくしたところで、奇跡のように雨が降り、鎮火——。村の南側は焼けずに残りました。
　村は、火によって、いわば分断されたのです。
　北側にあった家のほとんどは焼失し、たくさんの命が失われ、村役場すら

燃えてしまいました。送電線や貯水所も火災にあったため、村全体のライフラインが途絶えました。

村の南にあって焼け残った小学校に、北側の住民のほとんどが避難してきました。

赤ずきんはこの避難所を訪問したわけですが、そこで目にしたのは、火事から命からがら逃げ出した人たちでした。火傷を負った人、家族を失った人、家が焼けてしまった人……。呆然と座り込む人もいれば、忙しく立ち働く人もいます。南側の住民は、炊き出しをしたり行方不明者の捜索にあたったりしています。近隣の村や町からも、支援者が続々と訪れました。

避難者同士の暖かい支え合いや助け合い、限りある物資を譲り合う姿が、あちこちで見られました。

＊見えない境界を越えて

赤ずきんにとって意外だったのは、避難所に暮らす人たちが、さほど打ちひしがれた様子には見えず、気丈にふるまっていたことです。
「何か困っていませんか」と声をかけても、「大丈夫です」、「他にもっと大変な人がいますから」と言うのです。お互いを気遣いあう姿に、赤ずきんは深く感動しました。

一方で、完全に意気消沈し、周囲とコミュニケーションをとっていない人もいました。こうした人にこそ、支援が必要です。けれども、自ら支援を求めない人や、茫然自失している状態の人に、急激に近づくのはよくありません。赤ずきんは、病院やカウンセリングルームでクライエントを待つことと、災害現場に自ら出向くこととの違いに戸惑いました。

さらに赤ずきんは、自分の村と避難所とを日々往復することで、言葉にならない衝撃を味わっていました。それはひそやかなものですが、ボディブローのように少しずつ「きいてくる」感じでした。

自分の村では、ごくふつうの日常が続いています。家族がいて、温かい食

卓があります。

　そこを出て、無残に焼けた森を通り、隣村の避難所へ行く途上には、ほとんど何も残っていない村の北側があります。中央の広場を抜けると、表面上は無事に残っている南側へ着きます。

　こちらとあちらは地続きなのに、別世界のような感覚です。家から避難所までの間に、見えない境界が幾重にも張り巡らされているかのようでした。

　その境界を越えて行ったり来たりする自分は、どこの世界に属しているのかわからなくなり、周囲のすべてから切り離されているかのような、心もとない感じに襲われるのです。

　避難所に向かうときは緊張感から自分を保っているのですが、一日の支援を終えて家に帰るとき、気づくとなぜか頬に涙が伝っていることがありました。

＊**もどかしさの中で**

　これから長いこと、支援が必要となる——そう感じた赤ずきんは、カウンセリングルームの一角に支援物資や寄付金を募るコーナーを作りました。

　かつて赤ずきんとともに回復のプロセスをたどった仲間たちも、チャリティの会を開いたり、あちこちに呼びかけたりしながら、動き出しました。

　中でも熱心だったのはオオカミさんでした。オオカミさんは赤ずきんが町の大学へ行ったあと、仲間たちのグループを主導してきたのです。新しく加わった若いメンバーたちに慕われ、頼りにされていました。そんなオオカミさん、隣村の子どもたちがどんなつらい思いをしているだろうかと気になってたまらず、赤ずきんと一緒に避難所へ出かけることにしました。

　遠方からもさまざまな職種の人がチームを組んで被災地に入り、ボランティアも大勢集まってきました。それでも、本当に助けが必要な人に支援が届いているのか？　自分たちのやっていることがどれだけ役に立っているのか？

Column

《災害が与える影響》

自然災害により、次のようなことが起きます。影響は、直接の被害を受けた人だけでなく、被災地やその近隣に居住する人たちにも及びます。
* 大切な人との死別
* 命の危険に直面する
* 災害場面を目撃し恐怖を体験する
* 家財を失う
* 仕事や今までの生活環境を失う
* 近隣との関係を失う
* 安全感・安心感を失う
* 避難所や仮設住宅での居住環境の問題（暑さ・寒さ・狭さ・プライバシーのなさなど）
* 救援活動・遺体捜索・片づけ作業などによる負担
* 先の見通しが立たないこと

《ストレス反応＆その後》

災害によって直接の被害を受けた人だけでなく、近隣住民も含め、災害後にはさまざまなストレス反応を経験します。たとえば——

うつ状態／不安／怒り／自分が無事だったことへの罪悪感／睡眠障害／頭痛・だるさ・喉のしこり・食欲不振など各種の身体症状／集中困難／思考力低下／飲酒や喫煙の増加／孤立　など

その多くは一過性の反応です。

一般的な災害における調査では、被災者の75％は事態が落ち着くにつれ、日常生活に適応し、残りの25％が被災をきっかけに、うつ病や不安性障害、適応障害、物質依存、身体表現性障害などに罹患するとされます（Norrisら、2009）。

また、災害後にPTSD（心的外傷後ストレス障害）を発症するのは、被災者の10％前後だと言われています。

支援者たちは一様に、もどかしい思いを抱えていました。外から来た支援者と、村のスタッフとのすれ違いも起きました。連絡がうまく伝わらなかったり、意味を取り違えていたり。村のスタッフにとって支援はありがたい一方で、職種もレベルもまちまちな支援者たちの「交通整理」をする手間は、かなりのものでした。
　避難所にいる被災者たちの間でも、見えないところで少しずつ、きしみが広がっているようです。家が全焼してすべてを失った人と、焼け残った家財がある人の違い。家族を亡くした人と、全員が無事だった人の違い。子どもを亡くした人の、とりわけ大きな悲嘆――。
　北の地区と南の地区との人の間に流れる感情には複雑なものがありました。
　家をなくした悲しみを、家が無事だった人には伝えきれません。家がある喜びを、家を失った人には話せません。ましてや、家族が無事だった喜び、そして家族の喪失にまつわるショックと悲しみを、どうやって共有できるでしょうか。
　復旧がなかなか進まない中、ちょっとしたことが不満を呼び、何気ない一言がいさかいの種になることもありました。

Column

《被災者と地域の回復プロセス》

　被災者が日常生活を取り戻し、コミュニティが機能を回復するまでには、一般に次のようなプロセスを経ると言われています。

●英雄期（災害直後）
多くの人が、自分の危険をかえりみず、勇気ある行動をとります。

●ハネムーン期（1週間から6ヵ月）
たいへんな体験を乗り越えた被災者が強い連帯感を感じ、助け合いながら危機を乗り越えて行く時期です。

●幻滅期（2ヵ月から1、2年）
被災者の忍耐が限界に近づきます。支援が行き届かないことや行政サービスへの不満、やり場のない怒り……。ケンカなどのトラブルや、飲酒問題も起きやすくなります。同じ被災者でも状況がさまざまに異なることから、地域の連帯も失われがちになります。

●再建期
被災地に「日常」が戻りはじめ、被災者も生活の建て直しに目を向けるようになります。復興ムードが高まる一方、そこから取り残される人も出ます。これは「鋏状格差」と呼ばれ、最初は同じ地点からスタートしたはずが、鋏を開いたような形に格差が広がっていくのです。

PART2 災害トラウマとその治療

＊心の応急処置

　被災後１ヵ月は「急性期」と呼ばれますが、その１ヵ月を過ぎても、被災地は安定の気配が見えませんでした。

　避難所で暮らす人の中には「解離」の症状を示す人がいました。周囲への関心を失い、今起きていることが現実と感じられず、感情も麻痺し、自分が世界から切り離されているような状態です。この「急性ストレス障害」と呼ばれる状態の間は、トラウマに焦点をあてた治療を行なうのがやや難しいのです。

　被災地全体が、いつまでも「急性期」のままだ——赤ずきんはそんな思いにとらわれていました。

心の応急処置である「サイコロジカル・ファーストエイド」(※)の原則を遵守しつつ、目の前にいる被災者一人ひとりを見ながら支援を行なおうと心を決めました。

眠れない人にマッサージをしたり、森での暮らしで身につけた薬草の知恵を伝えたり、ときには手続きの説明や代行をしたり……。臨機応変に動きながら、自然に出てくる話を聞き、感情を受けとめつつ、必要な支援をその時々で判断して進めていました。

＊支援者たちの交流から

避難所となった学校の保健室では、養護教諭やスクールカウンセラーが活動を始めていました。

焼失した病院の跡地には仮設の診療所が作られ、残された医療用品で医師たちが診療を開始していました。

こうした支援者のネットワークが作られていき、赤ずきんもネットワーク連絡会の一員となりました。

支援の輪はさらに広がって、各地から専門家たちが続々と被災地に集まってきます。赤ずきんのカウンセリングルームは彼らの臨時宿泊所となり、連絡会の場にもなりました。

業務をめぐる情報交換以外に、夜の時間などには自然と交流が行なわれるようになり、お互いに今まで知らなかった技法に触れる機会も生まれます。中でも身体を通したさまざまなやり方は、疲れ切った支援者たちに歓迎され

※サイコロジカル・ファーストエイド
Psychological First Aid（PFA）。心理的応急処置の意味で、大災害や大事故などの直後に、被災者・被害者に提供できる心理的支援をまとめたマニュアル。
WHO版PFA（日本語）は、国立精神・神経医療研究センターの「災害時心の情報センター」のサイトで、またアメリカ国立PTSDセンターなどによるPFAおよび中長期支援に関するSPR（スキル・フォー・サイコロジカルリカバリー）は、兵庫県こころのケアセンターのサイトで提供されている。

ました。各種のリラックス法、ツボを刺激する技法、指し棒で一点を見つめる方法、身体への左右交互刺激を使う技法、おなじみのヨガや瞑想など。

　赤ずきんは、ここで教えられた方法をクライエントに使ってみて、その効果に驚かされました。問題となっている症状が瞬時に消失することがあるのです。しかも体験を言葉で語る必要がないので、クライエントの負担はずっと少なくてすみます。大学では「トラウマを言語化することが大切だ」と教えられたし、ずっとそれを信じてきましたが、新しい世界が開けたような感覚がありました。

＊よみがえる被害体験

　連絡会を通じて、赤ずきんのカウンセリングルームにクライエントが紹介されるようになりました。その人たちは、赤ずきんとは逆方向に境界を越えてやってくるのです。

　クライエントの背景は、大きく二つに分かれました。

　まずは「多重被災」と呼ばれる状況の人々です。家が焼けたこと、家族を失ったこと、自分も火傷を負ったことなど、いくつものトラウマを抱えて、典型的なPTSDの症状が出ていました。こうしたケースには、トラウマに焦点をあてた従来からの治療が有効でした。

　一方、直接の被害は受けていないけれど、災害をきっかけにトラウマ関連の症状に悩まされるようになった人たちもいました。たとえば山火事を目撃したあと、何かとストレスの多い災害後の生活の中で、森が燃える光景のフラッシュバックが起きた人。また、性暴力やいじめなど過去の被害体験の記憶が生々しくよみがえった人もいました。

　この人々はいずれも、過去に何らかのトラウマ体験があるようでした。症状は複雑で、治療にも工夫が必要でした。単にトラウマ症状を取り去るだけでなく、周囲との関係づくりをはじめとした生活全般への支援が欠かせなかったのです。

PART3 子どもたちへの影響
「避難所グループ」と「自宅グループ」

　オオカミさんは、避難所で子どもたちの様子に気を配りました。
　村が火災に襲われた日、なんらかの理由で親と離れていた子どもは、不安が長引いているようです。ただし、赤ちゃん返りしたように甘えたり、かんしゃくをおこしたりなど「調子が悪いことを行動で表現できる」子どもの方が、まだ回復は早いように思えました。
　とりわけ心配だったのは、親やきょうだいを失っても何でもないように気丈にふるまう子どもたちでした。そんな子どもたちに、オオカミさんはちょっとしたきっかけを見つけては声をかけ、一緒に遊ぶことで関係を作っていきました。
「遊びを提供する」活動は、さまざまな支援の中でも一番危険がなく、かつ有効とされていますし、子ども時代に傷ついた経験のあるオオカミさんにとって、被災した子どもたちと遊びを通じて触れ合うことは、自分自身もどこか癒される体験でした。

学校が焼け残っていたのは、この村にとって幸いでした。先生たちが「被災の状況にかかわらず、子どもたちを平等に扱おう」と心がけていたことも、とてもよいことでした。一方、どんなに平等に扱っても、子どもたちは被災の程度を通して周囲を見ていました。子どもたちの被災に対する向き合い方は、避難所での親の態度と瓜二つでした。

　親が悲しみを隠さずに表現している家の子どもは、悲しみを語ることができ、少しずつ前に向かって進んでいました。

　親が子どもを過剰に守ろうとして、焼け残った家すら子どもに見せまいとしている家庭では、子どもは「別になんでもない、平気・平気」というように事態を否認して適応しようとしています。

　逆に、家族を探したい一心で悲惨な焼け跡に小さい子を連れ回してしまったなど、子どもを守る余裕がなかった家庭では、喪失や死に過剰にとりつかれた反応が子どもに見られることもありました。

　このようななかで、当初の緊張感がほぐれてきた学校では、次第に、直接被災した「避難所グループ」と、自宅から通っているグループとの間に、微妙な雰囲気が生まれてきました。

＊仮設住宅へ

　オオカミさんは放課後に子どもたちを集めて、集団遊びの活動を始めました。遊んでいる間に、子どもたちの間の緊張も少し、ゆるんできます。

　やがて遊びの合間に、話したい子どもたちが隅の落ち着いた一角に集まって、ゲームの形をとりながら気持ちを話す時間をもつようになり、回を重ねるごとに、その輪に加わる子どもが増えてきました。

　避難所暮らしをする子どもと、自宅は残ったものの災害後の変化とストレスにさらされる子ども……「家があるかどうか」といった目に見える違いで、悲しさや大変さの量が決まるものではないことに、子どもたちは気づき始めました。

二つのグループの間に自然な交流が生まれ、わだかまりがほどけてきました。

やがて村の広場付近に、仮設住宅が建ちました。

避難所は解散となり、曲がりなりにも皆が「自宅」から登校できるようになると、子どもたちの様子はさらに変化してきました。遊びの後片付けをしているオオカミさんのところに寄ってきて、涙をこぼしながら話す子どもがいるのです。今まで言葉にできなかった、悲しみや恐怖を語るようになってきたのでした。

唇を震わせ、ときにすすり泣きながら話す様子は、集団で遊んでいるときとはまるで違っていて、オオカミさんは動揺しました。

さらに、貧困問題を抱える家庭や、虐待やDVを疑わせる家庭の子どももいました。被災後、もともと絆の強い家族はさらに結束を固めることができますが、不和を内在させていた家族の困難はさらに増幅してしまいます。その影響は子どもを直撃します。

オオカミさんは、特に心配な子どもを養護の先生につなぎました。けれどそのあとも、子どもたちの表情や声、語った話の悲惨さが脳裏に焼きついて、次第に眠れない夜が増えてきたのでした。

PART4 支援者たちの危機

＊バーンアウトの兆候

　災害から１年の記念日反応は、何とか乗り越えました。１年半たって、災害の急性期からずっと働き続けてきた支援者たちの疲労は限界に達しようとしていました。特に地元のスタッフは、自宅が焼失したり、親しい人を亡くしたりしながら、他の被災者の支援をしてきた人も少なくありません。

　赤ずきんのカウンセリングルームを訪れてきた支援者たちの中には「代理受傷」の症状に苦しむ人たちもいました。

　急に涙が出て止まらなくなる。小さなきっかけで不安がふくらんだり恐怖にさいなまれたりする。現場を離れても被災者のことが頭から離れない。イライラがつきまとう。自分が役に立っていると思えず、仕事に誇りがもてない。今後に希望が感じられない──。

　被災者のトラウマ体験を繰り返し見聞きすることで、被災者と同様の感情的、身体的苦痛を体験したり、支援者自身の内的な世界観が変容したりして

いるのです。

　彼らの話を聞くと、この状態に陥る前から、さまざまな徴候が出ていたことがわかりました。

　家庭や職場でうまくいかない。周囲とトラブルになる。感情が感じられない。ブラックユーモアが出てしまう……これらはバーンアウト（燃えつき）の危険を示しています。

　実は赤ずきん自身も、似たような徴候を自覚していました。がんばって留守番をしていた子どもたちにやさしくできなかったり、つい家族に当たってしまったりすることがあるのです。「隣村では、みんなつらい思いをしてるのに、よくそんな呑気でいられるものね！」。

　そして、こんな態度をとった自分が嫌になってしまうのでした。
（代理受傷の対処や予防については、5章134ページに詳述します）

＊起きたことの意味

　赤ずきんは周囲の支援者たちに呼びかけて「言いっぱなし、聞きっぱなし」のグループを行なうことにしました。かつて森で仲間たちとグループに参加していた赤ずきんにとっては、とても自然な思いつきでした。

　こうしてある夜、赤ずきんがファシリテーターを務め、たくさんの支援者が今まで話せなかった思いを語りました。オオカミさんはグループの世話係として赤ずきんの傍らに座っていました。

　地元スタッフの中でも、一人親だったり幼い子どもを抱えて共働きだったり、老親の介護をしていたり、離婚問題を抱えている人たちは、日常のストレスに加え、仕事のために身内の面倒をみられなかったという罪悪感に苦しんでいました。ましてや自分自身の面倒をみる余裕などなく、休息も楽しみも、すべて後回しになっていたのです。

　多くの人が、涙とともに自分の体験を言葉にしました。やがて皆の涙は泣き笑いに変わり、笑顔も出てきました。最後に、今回の被災や支援を通して

気づいたことを分かち合いました。ある支援者は言いました。
「この山火事は天の気まぐれで起きた、と思っていたとき、なぜこんなひどいことが！　と憤ってばかりいました。でも、自然は何も悪さをしようと思ったわけではない。責めてもしかたないなら、そこに自分なりの意味を見出してみよう、と思いました。起きたことにポジティブな意味を見出そうとしたとき、被災体験への見方は大きく変わり、自分がただの無力な存在ではなく、困難への挑戦者であると感じたのです」
　参加者たちが大きくうなずきました。
　それはまさに、トラウマを受けたあとの成長であり、人が危機を乗り越えていく道筋でした。
　グループを終えて、オオカミさんが淹れてくれたお茶を飲みながら、赤ずきんはぐったりしていました。ファシリテーターとして自分を律し、一人一人に目を配っていましたが、皆が帰ったあと、この1年半の記憶が走馬灯のように脳裏をよぎり始めました。流れる映像に身をゆだねていた赤ずきんの胸の奥底から、突然、叫びがわいてきました。
　あーっ、あーっ……。
　何かのつかえがはずれたかのように、赤ずきんは泣きました。それは、ただ単に悲しいのではなく、この災害を引き起こした自然の大きさと人間の小ささについて、人が人を癒すことの根源にある互恵性について、個人としてだけでなく集団として大きな喪失を経験したときの傷つき（集合的なトラウマ）や、そこから立ち直ろうとする力（集合的なレジリエンス）について、その荘厳さに打たれるような感覚が、突然やってきたのでした。
　泣き続ける赤ずきんの傍らに、オオカミさんがそっと寄り添っていました。
　実はこのときオオカミさんの中でも大きな問題が進行しつつあったのですが、赤ずきんも、オオカミさん自身も、まだそのことに気づいていませんでした。

＊「ザ・グレート・マスター」

　そんなある日、各国の災害支援の現場で注目すべき活動をしてきた治療者、「ザ・グレート・マスター」と呼ばれる人物がこの地を訪れるという情報が入りました。

　一体どんな人なんだろう。さぞ風格のある偉大な人物に違いない——赤ずきんはグレート・マスターを迎える役目を買って出て、ヘリコプターの到着をわくわくしながら見守りました。

　ところが広場にヘリが到着し、タラップを降りてきた人物は、見上げるみんなの視線よりかなり下、グレートと呼ぶにはいささか小さめな、なんの変哲もない人物でした。

　しかし彼がこちらに歩み寄るのを見て皆が気づいたのは、その類まれな安定感です。健やかな樹木が大地に根が生えたまま移動しているような感じなのです。かつ、その微笑み、小さな目の中の澄んだ瞳のやさしさ。その視線にとらえられると、誰もが春風に撫でられたような心地よさと安心を覚えるのでした。

4章　災害トラウマの特徴と身体からのアプローチ

PART5 身体は治ろうとしている

＊「信じる」という力

　グレート・マスターによる、支援者のためのワークショップが何度も行なわれました。彼が話をするときには、そこにいる全員が、自分だけのために何か特別なことを話してくれているように感じるのでした。ワークショップが終わっても、マスターは皆に囲まれて、ゆったりと座って時間を過ごしました。連絡会の空気が以前より前向きに変わってきました。

　支援者たちは、グレート・マスターのトラウマ治療に触れる機会も得ました。彼は、たくさんの治療法や技法を自在に使いこなし、まるで限りない引き出しを持っているかのように見えました。そして、自分がやりたい治療ではなく、必ず目の前にいる相手をみて、どんな治療を行なうかを決めているようでした。

　あるとき連絡会の場で、治療法の優劣をめぐって論争が始まりました。その様子を微笑みながら見守っていたグレート・マスターは、皆の発言が途切れるのを待って、こんな話をしました。

「エビデンス（科学的根拠）のある治療法は、開発者らが心血を注いで証明したすばらしい仕事の成果だ。しかし治療法の優劣だけにとらわれるべきではない。私たちがエビデンスにもとづいた治療法を行なうとき、クライエントがこれによって必ずよくなると信じ、自信を持って行なう——そのこと自体もクライエントの中にある回復の力を引き出しているのだよ。技法を使うときに問われているのは単に技法の知識や正確に行なうことだけではなく、治療者としてクライエントにどう向かい合うかという態度や姿勢でもあるんだ」

　赤ずきんも、オオカミさんも、他の支援者たちも、いつにも増して深くうなずきながら話に聞き入るのでした。グレート・マスターが中でも得意としているのは、身体からのアプローチでした。それは「ソマティック・エクスペリエンシング・アプローチ」（※）というのです。

＊野生動物はPTSDにならない

　グレート・マスターは、身体的なアプローチについてこう説明します。
「野生動物は危機に直面したとき、瞬時に《闘うか、逃げるか》を選択する。けれど、どちらもできない場合もある。たとえばインパラがいきなりヒョウに出くわしたとき、闘っても勝ち目はないし、逃げ切ることも不可能かもしれない。こんなときインパラは《フリーズ（固まる）》してしまうんだ。ものすごいエネルギーを使って、仮死状態のように感覚を遮断する。これが人間で言えば、解離につながるんだよ」

　けれど野生動物は、人間のようにPTSDになったりしないし、解離が症状として長く残ったりもしません。

※ソマティック・エクスペリエンシング・アプローチ
米国のリヴァイン博士が開発した、身体と神経系の統合をベースにしたトラウマ技法。そのベースには、「トラウマとは、ある出来事に対して神経系がどう反応するかという問題だ」という考え方がある。英語の正式名称は、Somatic Experiencing。

「もしヒョウが立ち去って、安全が確かめられたら、インパラはぶるぶるっと身震いしてフリーズ状態を解除し、何事もなかったかのように歩み出すんだ。ところが人間の場合、高次の脳が発達しすぎて、この解除の仕組みがうまく機能しないことが増えた。すると、行き場のなくなったエネルギーがそのまま残って、さまざまな症状となってしまう」

　この過剰なエネルギーを少しずつ解放するやり方が、ソマティック・エクスペリエンシング・アプローチです。身体を使ったワークが中心で、基本的にはトラウマ体験を言葉で語らなくてもよく、そのときの感情を再体験する必要もないのでした。

＊別のトラウマ記憶が

　そのころ、オオカミさんの危機は深まっていました。最初の徴候は、背中がチクチクするような感じでした。やがて、自分でもよくわからないイメージが目の前に浮かんだり、ひたすら怖いという感覚に襲われたりするようになりました。

　オオカミさんは子ども時代に虐待を受けて育ちました。その体験については赤ずきんたちのグループで何度も語り、回復のプロセスを歩んできたはずでした。でも、もっと幼いときの出来事で、前後だけ覚えていて中心部分がすっぽり欠落している、不思議な記憶があるようなのです。知らない大人に誘われて外に出かけて……気がついたら、土の上に寝ていたのです。それしか覚えていないのです。その間のことは、どれだけ過去を語っても取り戻せずにいました。

　オオカミさんは心地悪さを振り払うようにして、いっそう熱心に子どもたちと関わろうとしました。しかし、慢性的な疲労感や集中困難、ちょっとしたことが判断できないなどで、活動に支障をきたすようになりました。何よりも、ずっと昔に感じていたような「自分には何の価値もない」という感覚に再び襲われるようになったのです。

オオカミさんは勇気をふりしぼって、赤ずきんに相談しました。記憶のない体験をどう扱ったらいいのだろう。そして二人で話し合って、グレート・マスターにセッションをお願いすることになりました。

＊自分という存在のまとまり

　オオカミさんが体験したソマティック・エクスペリエンシング・アプローチは、どんなものだったでしょうか。
　それは自然な対話から生まれます。グレート・マスターの静かな声に導かれながら、周囲や自分の内部のさまざまな心地よい感覚に注意を向けていきます。そうするうちに生まれる感じや、新たな不快感や違和感、そこから自然に出てくる身体の動きを深く体験していきます。
　何度かのセッションを重ねるうちにオオカミさんは、今までどんなにがんばってもバラバラだった自分の身体が次第に統合されていく感じを味わいました。
　そのときに生まれてきた躍動するような内なる動きは、過去のトラウマ体験とつながっていました。それは、今までつきまとっていた漠然とした恥辱感ではなく、あの体験を生き延びたのだという勝利感を呼び起こすものでした。幼い自分は、ありったけの力を総動員して自分の身を守ったのです。それが身体の動きとして再現された――あの体験は終わったのだと身体が納得した瞬間でした。
　一連のセッションが終わったあと、オオカミさんは自分の身体に残っていたギクシャクした感じが消えているのに気づきました。身体だけでなく、感情も、自然にのびやかに動いているような、今までに体験したことがない感覚でした。自分を取り戻すって、こういう感じなんだ。オオカミさんは空に向かって大きく両手を伸ばしました。
　私は生きている！　そして、世界は広い！　と感じました。

＊どんなに苦しんでいても

　あの夏の山火事から２年半。村の役場は再建され、システムが動き始めています。グレート・マスターをはじめ遠方からの支援者は、多くがすでにこの地を去っています。
　オオカミさんは今も、子どもたちのグループに関わり続けています。
　赤ずきんのもとには時おり、支援者が訪れます。気持ちを話して楽になりたい人、具体的な問題を抱えている人、自分が関わっているケースについて相談したい人など、さまざまです。
　ある日、隣村から小学校の養護の先生がやってきました。新しい校長先生のことで悩んでいると言います。慎重に見守る必要がある子どもに対して、配慮のない言葉を投げたり、廊下で騒いだからと大声で怒鳴ったりするのだそうです。この校長先生自身、山火事で家が焼失し、家庭もうまくいっていない──そのことを知っている養護の先生は、校長に「あんたが子どもを甘やかすからダメなんだ」と怒鳴られて、思わず「はい、そうです！」と答えたというのです。
「校長もトラウマに苦しんでいるんですよね？　私、校長の言うことをきけば、彼を癒せるかと思ったんです」
　赤ずきんはびっくりしました。まるで子ども虐待とDVのようなことが学校で起きているではありませんか。
「どんなに校長先生が苦しんでいたとしても、それを子どもや他の先生にぶつけるのはよくありません。あなたが校長の暴言を受け入れたら、校長の問題を助長するのと同じ結果になってしまいます。納得できない行動に対しては、断固ノーと言ってよいのです」
　このようなことが、あちこちで起きているようです。災害によって傷ついた人が、その傷を他の人に連鎖させるような行動をとってしまう。そのことで自分も周囲から孤立し、さらに傷つく──まだまだ災害は終わっていないのでした。

＊再生へ

　赤ずきんは久しぶりに、隣村へ行ってみることにしました。
　春まだ浅い日、かつては緑が生い茂っていた森を通っていきます。寒さがようやくやわらぎ始め、そよぐ風を心地よく感じながら歩いていました。
　焼き払われて何もなく真っ黒だった大地は、すでに緑の下草でこんもり覆われています。その下草より丈高い、大きな葉を広げた若木があちこちに顔を出しています。それは「バンクシア」という植物の若木でした。
　赤ずきんの耳に、幼い日に聞いた、おばあさんの言葉がよみがえりました。
「バンクシアは、火によって殻がはがれて、芽吹くんだよ」
　この地を何度も襲う山火事のたび、バンクシアの固い果実が開き、新たな種がまかれて、森は再生していくのです。今この地に、まさに必要なのはバンクシアのエネルギーだと、赤ずきんは思いました。
　この土地なりの、回復の方法がある。
　問題はたくさんあるけれど、その問題の中に、次への希望の種がある。再生に向けて動く人たちがいる。断ち切られたつながりが再び生まれ、さらに新たなつながりが芽生えて広がっていく……。
　自分たちを打ちのめした自然の力が、今は勇気をくれた気がします。
「まだまだ、やれることがある」
　赤ずきんはその勇気を胸に、隣村へと入っていきました。

災害トラウマ支援のために

　筆者は2011年の東日本大震災後、被災地の学校や主要周辺都市のトラウマ外来で継続的に臨床を行ないました。この章を終えるにあたって、その経験をまとめておきます。

●長引いた「急性期」●

　診断基準では、トラウマ体験の直後に起きるASD（急性ストレス障害）がPTSDに移行するのは、ASDの発症後1ヵ月とされています。しかし東日本大震災の被災地における私の臨床経験では、激しい解離をともなう急性期の症状は1ヵ月では収まらず、多くのケースでは、被災者が仮設住宅に落ち着いて避難所が閉鎖された時期まで続いていました。

　深刻な被災による症状として、ある程度の安全が確保されるまでは、「出来事が終わった」という認知が得られにくかったのだと思います。

　長引いた「急性期」の間は、強度の身体的過覚醒、揺れているような感覚が継続しており、実際に身体が揺れることだけでそれが内的な引き金となり、不安や恐怖が出てくることが観察されました。そのため、身体的安全感の確保が何よりも重要でした。動作法や呼吸法を初めとするさまざまなリラクセーション技法、ブレインジムなどの運動療法が役に立ちました。

●降り積もるトラウマ●

　筆者が経験した範囲では、直接の被災者でPTSDの診断基準を満たす人は、家屋流失と家族喪失といったように複数のトラウマ体験が重なった多重被災者か、あるいは、被災以前に何らかのトラウマ体験をしている人がほとんどでした。

　直接の被災はないがPTSD症状を呈する人は、ほぼ全例が、子ど

も期の虐待によるトラウマまたは成人後の性暴力被害やDV被害、パワーハラスメント、セクシュアルハラスメントなどによるトラウマを抱えていました。

トラウマ体験が重なるほど、PTSDを発症しやすい——これが「累積トラウマ効果」と呼ばれる現象です。

実際に、トラウマの回数が増えるほどPTSDやうつの発症率が高くなり、症状が複雑化しやすいという報告があります。また、成人期になってからのトラウマよりも子ども期トラウマの方が、複雑化との関係が深いとの報告もあります。

つまりトラウマが多ければ多いほど、しかも、それが子ども期であればあるほど、その後のトラウマ体験によるPTSDは重症化しやすいのです。

これは災害時のハイリスク群をアセスメントする上で重要な認識です。

●治療のポイントの違い●

単回性トラウマの治療と、慢性化した複雑性トラウマの治療は、原理原則は同じでも、技法的な留意点に違いが多くあります。目の前にいる被災者の課題が、「災害トラウマ」によるものなのか「災害を引き金とした過去のトラウマの顕在化」なのかを見分ける（実際は、どちらかひとつでなく両者が混交しているケースが大半なので、その割合を判断する）ことができれば、より有効な治療を組み立てることが可能になります。

「災害トラウマ」が中心となる第一次被災者でPTSDを発症したクライエントには、トラウマに焦点をあてた治療が効果的でした。すなわち、EMDRや持続エクスポージャーなど、国際ガイドラインや学会のガイドラインで推奨されている治療です。いずれもトラウマ場面の想起を伴うため、治療時は苦痛な体験に直面しますが、治療

が終わると非常に楽になり、日常生活での回避もなくなります。

　これに対し、第二次被災者で「災害を引き金とした過去のトラウマの顕在化」の場合、治療には工夫が必要です。こうしたケースではPTSD症状にとどまらず、「複雑性トラウマ」の症状が出現していることが多いです。つまり、感情・記憶・身体・考え方などのコントロールがうまくいかない状態で、日常生活にさまざまな困難が出てきます。特に子ども期から累積するトラウマの数が多ければ多いほど、病状が複雑になることがわかっています。

　そのため、単にトラウマ治療を行なうだけでなく、生活支援が欠かせません。トラウマの症状だけ取り去る治療を拙速に行なうと、生活上の行き詰まりから、症状の再発を繰り返しかねません。

（くわしくは5章117ページを参照してください）

5章
支援者が知っておきたい大切なこと

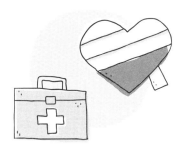

トラウマを受けた人と安全に関わりながら、
その人の回復を促進していくために必要なのは？
回復の障壁となる症状にどう対応すればいい？
——この章では、医療・保健・福祉・司法・教育など
さまざまな場面でトラウマ問題と関わるスタッフや、
家族や周囲の人が知っておきたいことを解説します。

この章は——

　支援者の方々に読んでいただくことを想定して、トラウマ・インフォームド・アプローチの原則から、多くの人に知っておいていただきたいことをまとめました。
　トラウマを抱えた人に出会うのは、トラウマ治療を専門とする医師やセラピストだけではありません。
　たとえば犯罪やDV被害者の支援をする人。その一方で、加害者の背景に幼児期のトラウマがあることは珍しくありませんから、保護観察所や少年院など司法分野のスタッフにとっても、トラウマに関わる知識は大切です。
　さまざまな災害の被災者支援を行なう人（これについては4章も参考にしてください）。
　乳児院、養護施設、学校などで、子どもの教育や支援に関わる人。
　もちろんご家族や友人など、当事者の私的な応援団の方にもきっと役立つと思います。
　この章を当事者の方が読んでくださることにも大きな意味があります。「自分自身をどう支援するか」を学ぶこと、あるいは「どう支援されているのか」を理解できるようになり「どう支援されたいか」を明確化できるようになることが、未来の安全を確保することにつながるからです。

❶支援することの意味

＊トラウマを抱えた人との出会い

　トラウマを抱えた人が相談に来るとき、その人は他人には一番見せたくないもの、知られたくないことを、話すことになります。自分にとって一番嫌なこと、つらいこと、怖いこと、恥ずかしいと感じていること、本当は思い出したくもないこと……。
　本来、誰もが、そのようなことを未知の人になど話したくないでしょう。でも、日々生きることがつらくて、そうするしかないのです。
　予約の電話をかけるのだって、大変な勇気がいります。
　相談や治療に訪れた方は、そのような思いをして、私たち支援者の目の前にいます。それはとても丁寧に接する必要がある瞬間です。
　支援者は、どんな態度でトラウマを抱えた人を迎え、どのような自分でいることが必要なのでしょうか。
　地域や関係機関でトラウマを抱えているであろう人と出会ったとき、どのように向き合えばよいのでしょうか。
　あなたにとって身近な人がトラウマに苦しんでいるとき、その痛みにどのように寄り添えばよいのでしょうか。
　これらの問いかけを胸において、本章を読んでいただけたらと思います。

＊危機と連続性

　トラウマとなるような出来事とは、その人にとっての危機的な出来事です。では、危機とはなんでしょう？　「連続性が断ちきられた状態」のことです。
　私たちは、自分と世界のつながりの中で連続性を感じています。昨日の私

と今日の私はつながっている、今日の世界と明日の世界はたぶん違わないだろう、そう思って生きています。昨日から明日を予測できることは、人間の生存における基本的なニーズです。

　ムーリ・ラハドは、BASIC-PHというアプローチにおいて、連続性には次のようなものがあると述べています。

●**認知的・意識的連続性**＝一定の規則のもと生活が営まれ、こうすればこうなるといった論理や、日々の現実がゆるがないこと。
●**社会的・対人関係における連続性**＝家庭・職場・学校などで同じ人に繰り返し会えること。
●**機能的連続性**＝職業や家庭内・地域社会での立場など、自分が一定の役割をもち続けていること。
●**歴史的連続性**＝過去から現在に至るまで、自分が自分だというまとまりを感じられること。

　ところが子ども時代に安全を脅かされていると、連続性は確保されていません。急に父親が母親を殴ったり、ある日突然、母親が家を出て帰って来なかったりすれば、世界は混沌として予測のつかないものになります。
　性暴力被害にあったら、それを思い起こさせる場所に行けなくなり、密な身体的接触がおきる場所、たとえば電車での通勤が困難になるかもしれません。どこか似た男性が隣に立っただけでフラッシュバックが起きるかもしれません。こうして社会生活も、周囲の人との関係も、身体感覚も変わってしまいます。突然の災害は、昨日まで暮らしていた家を破壊したり、周囲の人の命を奪ったりします。
　今、支援者であるあなたの目の前にいる人が、どのように連続性を断たれて苦しんでいるかに注目してみましょう。断たれたつながりを回復することが、有効な支援となります。
　トラウマを抱えた人が連続性を断ち切られた状態にいるからこそ、セラピ

ストとして約束した時間にその人に会い続けることや、スタッフとして一定の場所に居続けること、家族や友人としてそばにいることは、大きな意味があります。それはひとつの連続性を保障することだからです。

✻ 新しい記憶

　人は生きていく瞬間瞬間に、脳の中で新しい記憶が作られていきます。
　私たち支援者が目の前で話を聞いていることも、その人の記憶になっていきます。トラウマとなった出来事について話して泣いたけれど、どこか安心できていた……その記憶は、トラウマ記憶の上に、上書きされていくのです。
　ですから、支援者が落ち着いて話を聞けるかどうかは、とても重要です。
　もしも私たちがその人の話を聞きながら「きゃー！　そんなひどいことがあったの？」と動揺したり、（こんな悲惨な話を、どこまで聞いていいのかしら……）（まさか、これって本当のこと？）と不安になって戸惑っていたら、それはそのまま相手に伝わっています。
　見てはいけないものを見てしまったかのように目をそらして「そんなことは早く忘れなさい」と言ったとしたら、それは治療者自身の回避です。それはトラウマを抱えた人をさらに傷つけ、ネガティブな記憶を上書きすることになってしまいます。
「先生はいなくならない」──私が若い頃、まだ自分の治療に自信がなかったときにクライエントからいただいた、最高の賛辞と思えた言葉です。それまで複数の治療者が、そのことを話した途端、「そこからいなくなってしまった」ような気がしたのだそうです。席を離れるのとは違います。治療者だって解離してしまうのです。
　何かをする前に、私たちがしっかりと安定した状態で、そこにいることが大切です。足をしっかり地につけて──グラウンディングして、揺らがずにそこにいること、その状態が相手の記憶に書きこまれていき、特別な技法を使わなくても、そのこと自体が支援になります。

❷支援の大原則とその具体化

＊支援の中核となる能力（コア・コンピテンシー）

　トラウマを受けた人は、「安全で安心ではなかった体験」「コントロールできなかった、大切にされなかった体験」をトラウマ記憶という形で心身に刻印されています。トラウマを受けた人と出会い、具体的に支援をしていくときに、安全・安心の確立と自己統御感・自己尊重感の回復は入り口であり、最終的な目標でもあります。では、支援者がどのような配慮をしたら、これが達成できるのでしょうか。

　まえがきに記したトラウマ・インフォームド・ケアの、さまざまな領域における複数の実践ガイドラインにおいて、ほぼ共通する「コア・コンピテンシー」に関する原理原則は次のように要約されています。

①**トラウマへの気づき（トラウマ・アウェアネス）**
②**安全の確立**
③**選択とエンパワメント**
④**強みを基礎とする（ストレングス・ベースト）**

　①のトラウマ・アウェアネスは、本書を一貫して貫くトラウマに関する心理教育的な視点です。ここではさらに、支援者としての態度や、コミュニケーション・スキルという視点から、②、③、④を行なうためのスキルについて具体的に記していきます。

＊安全の確立のための態度とスキル

　支援にあたって、何よりも大切なのは安全・安心の確立です。安全にはさまざまなレベルがあります。住居は安全なのか、健康的な食事をとれているのか、眠れているのかなどの具体的な安全から、当事者―支援者の相互関係

における安全、コミュニティの中での安全な関係づくりなど。こうしたさまざまなレベルを考慮に入れて、安全の確立を確実にしていきます。

　支援者自身がトラウマを抱えた人に対して安全な関係をつくれる状態にあること、そのためには、トラウマとその影響についてよく知っていることだけではなく、トラウマを抱えた人のつくりやすい関係性、支援する人が陥りがちな関係性のパターンについて知っている必要があります。

　トラウマ・サバイバーの多くは、その人をケアする義務のある人から犠牲になった体験をもちます。対等な関係をつくるという経験が少なく、またどんな人が安全かを具体的に経験したことがないかもしれません。自分ではどうにもならない状況の中で翻弄され、人格を踏みにじられるような体験を重ねてきたかもしれません。そういう人が支援の中で「偉い先生の言うなりになるしかない」のでは、同じことの繰り返しになってしまいます。

　支援者は支援の専門職ではありますが、当事者の人生の専門家ではありません。当事者の人生の専門家はその人自身なのです。その人がこれからどう生きていくかに真摯な関心を寄せ、ゴール設定を助けること、オープンな気持ちで質問し、ゴールにつながる歩みを共に考えることが必要です。

　決めつけや、批判は関係性を著しく損ないます。その人の一見危なっかしくみえる在り方も、その瞬間を生き延びるための選択の結果であったこと、その裏には自らの在り方を深く恥じる気持ちがあることに気づきつつ、過去の選択ひとつひとつにポジティブな意味を見出す手助けをしていくことが、次の選択をよりポジティブなものにするために必要です。どうしても強い意見を言わなければならない場合、彼らを脅かし否定し貶めてきた人たちと同じように知覚されないためには、どうしてそれを今言うかを、心理教育的な文脈も含めて丁寧に説明する必要があります。支援の中で支援者が当事者の行動に怒りや憤りを感じることは当然起きてきます。しかし、そのときに言葉に強い感情を込めても、相手を脅かすか関係性を損なうだけです。支援者自身が自分の感情に気づき、自分の感情を自己調整するスキルを用いて当事者の手本になっていきます。

＊選択とエンパワメントのための態度とスキル

　知識は力です。トラウマを受けた人が自分自身のことを理解することを助けるのは、最大のエンパワメントになります。トラウマを抱えていた人が、自分がおかしい（おかしかった）のではなく、症状はトラウマを受けた帰結として当然・自然なことであったという理解を促すことを、正常化（ノーマライゼーション）といい、援助の初期に必須の作業となります。このことによって、自己尊重感を取り戻すことができます。

　さらに自己統御感を感じられるようにするためには、心理教育をもとに、「自分自身や状況を自分でコントロールできる」体験を重ね、さらに「自分で決められる」、「私は大切にされる価値がある」ことを体験していく必要があります。このような意味で将来に至るまでの選択をその人自身に委ね、それを肯定していくことは大切です。とはいえ「あなたのやりたいようにしてください」では、何が何だかわからなくなってしまうかもしれません。いくつかの選択肢を出して選んでもらうのが望ましいでしょう。

　身近な例を挙げれば「あなたのために、すごくおいしいハーブティを用意してあるのよ」と言うより、「お水とコーヒーとハーブティがあるけれど、どれがいいですか？」と言うことです。呼吸法をいくつか教えて、「使いやすそうなものを練習してみて」というのも、そのひとつです。いずれにせよ、複数のアイテムを装備していれば、回復の旅はそれだけ安全なものになるでしょう。

　あまり認識されていませんが、支援や治療という場は、トラウマを受けた人にとって引き金（トリガー）満載な場となり得ます。距離の近さ、見つめられること、力の関係にあること、侵入的な質問をされること、などです。支援者はそれを自覚し、どうしてそういう質問や提案をするかなどを心理教育的な文脈で明確に説明し、次に何が起き得るかを予想する手助けをします。行動を行なう前に、どんな気持ちなのか、どれくらいその行動の意味するところを理解しているかを確認し、明確化します。

✳ 強み（ストレングス）を基礎とするための態度とスキル

　強み（ストレングス）とは、ある人がもつ「力」や「強さ」のことで、大きく分けて、1）性格や資質、2）技能や才能、3）その人をめぐる環境、4）願いや関心などが含まれます。トラウマを受けた人と出会ったとき、その人の示す問題や課題に注目してしまいがちになりますが、それ以前に強みを同定し、確認しあうことは、さまざまな意味で重要です。

　では、何が強みとなるか……いちばん大切な強みは、「その人が生き延びてきた」こと、「その人が目の前にいる」ことです。強みの近縁概念として、逆境体験を乗り越える回復力（レジリエンス）があります。トラウマを受けた人の最大のストレングス、レジリエンスは、その人が存在していて、支援を求めていることなのです。

　そこに至るまでのプロセスでの、ときに危うい、ときに不器用な対処そのものも、生き残るための貴重な選択の積み重ねであったということを、強みとして私たちが見出していくことが大切です。

✳ 生活支援の大切さ

　その他、気づかれにくい重要な点として、生活支援の重要さがあります。治療者として経験を積み、トラウマ処理の技法を使えるようになれば、フラッシュバックや解離などの症状をとるのは、ある意味で簡単です。けれど症状だけを早くとりすぎると、生きることは非常に苦しくなります。

　フラッシュバックは確かにつらいけれど、その症状がなくなったら、また次の階段をのぼらなければなりません。明日何を食べて、どんなふうに生活するか、どう社会復帰するか……。でも自分の中はすかすかで、自分のことを好きになれず、将来の希望もなく、生きていくスキルも持っていないとしたら？

　フラッシュバックに翻弄されていた方がまだしも楽な状態であれば、治療

によっていったん症状が消失しても、生活上の困難からたやすく再発してしまいます。

よく、大がかりな治療をしてやっとよくなったと思ったら、生活の場に戻ったとたん、症状が再燃してガックリ——という話を聞きますが、それはクライエントが「まだ無理、助けて」と感じているサインなのです。

生活が維持できているかどうか、見守って支援することは欠かせません。具体的には、きちんと食事をしているか、眠れているか、昼間は起きていられるか、自分で自分の安全が守れているか、子育てなど日常の役割が果たせているか、などです。症状をとることと生活支援とを両立できれば理想的ですが、なかなかそうはいきません。まず生活支援が優先だと考えてください。

特に、症状の再発を繰り返す人は要注意です。「大丈夫です、がんばっています」と治療場面での受け答えがしっかりしていることから、生活面でも良好に機能していると誤解してしまう場合があります。けれど、クライエントは嫌われたり、拒絶されたりすることを怖れて「できません」と言うことができずにいるのかもしれません。

今、目の前にいるその人だけでなく、たとえば待合室ではどのような姿勢でどんなふうに座っているか、自宅で何を食べてどのように過ごしているか、関心を向けてみることが大切です。そういうところから解離などの存在に気づくこともあります。

そのときに「なぜできないの」ではなく、「できないのにはもっともな理由がある」という前提で、少しずつできていくことに注目して「よくがんばっているね」と認めながら、どうすればさらにできるようになるかを一緒に考えていくことがとても大切です。

こうした意味で、精神科医・心理士・保健師・ソーシャルワーカーなど多職種で関わる専門多職種チーム（Multi-Disciplinary Team）の形成は有効です。

＊トラウマ記憶を扱うことについて：ケアとセラピー

　現時点ではPTSDの治療としては、持続エクスポージャー療法（PE）を始めとするトラウマ焦点化認知行動療法、眼球運動による脱感作と再処理法（EMDR）、子どもに対しては、トラウマフォーカスト認知行動療法（TF-CBT）に明確なエビデンスが確認されており、これらは世界保健機関（WHO）、イギリス国立医療評価機構（NICE）、アメリカ精神医学会（APA）などの機関で有効な治療法として推奨されています。

　しかし、上記のようなトラウマに焦点をあてたセラピーを行なえなくても、トラウマ・インフォームド・ケアは可能です。ケアにおいて大切なのは、まず再び傷つけないこと、安全感や自己コントロール感を確保すること、生活を支援すること、ケアを受ける体験や日常的な体験の積み重ねによって、自分や他者や世界に対する考え（認知）がネガティブなものからポジティブなものに変化していくことなどです。ケアによってこれが可能になったら、セラピーは必ずしも必要ではありません。

　ただ、トラウマを受けたあとの、自分には価値がない、自分は汚れている……といったネガティブな認知とそれにまつわるネガティブな感情には根深いものがあります。この部分が変わっていくためには、通常は、トラウマに向き合い、つらかった体験を語ったり、安全な状況で再体験したりすることが役に立ちます。単に事実を語るのではなく、当時の感情まで深く揺さぶられつつ語り、そこを通ってもなおかつ安全でコントロール可能であるという体験が有用なのです。それがトラウマに焦点をあてたセラピーの役割です。

　一方、セラピーには、4章101ページで述べたソマティック・エクスペリエンシング・アプローチやトラウマ解放エクササイズ（TRE）、ブレインジムのように、身体や身体の動きに働きかけるものがあります。また鍼灸、思考場療法（TFT）やヒーリング、フラワーエッセンスの服用など、いわゆるエネルギー的な回路を通して自然治癒力を呼び覚ますものの有効性についてはこれからさらに検証されていくでしょう。

＊寝た子を起こすな？

　熱心な支援者が当事者に関わることによって、状態が一過性に悪くなったように見えることがしばしばあります。どうしてでしょうか。

　安全で安心な関係が作られると、トラウマを抱えた人は今までは話せなかったことを話し始めます。過去のトラウマ体験を深いレベルで語り始めると、それまで「健康的」「適応的」に見えた人が、フラッシュバックや解離などの症状を起こし始めることがあります。そこまでいかなくても、一過性に生活能力が落ちることはよくあります。冷凍記憶が一気に溶け出すことで、脳の作業テーブルを圧迫してしまうのです。

　このような現象を何度も経験し、かつ対処ができない体験を重ねた支援専門職は、トラウマ体験に触れることを恐れるようになります。「寝た子を起こすな」「パンドラの箱を開けるな」などという比喩になります。

　確かに、戦争や災害などのトラウマを心の中に抱えながら、じっと耐えて一生を送り、中には立派な仕事をやり遂げる人もいます。けれど少なくとも支援を求めてきた人に対して、支援者が「この話にこれ以上触れるのはよくない」と勝手な判断のもとに線を引くべきではありません。

　支援する人が「聞いてはいけない」と感じるとき、実はそれは支援者が「聞くに堪えない体験」と感じ、引き起こされる自分の感情を恐怖していることがしばしばあります。実際には、その「聞くに堪えない」話は「その人がすでに体験してきた現実」なのです。

　実は、多くのトラウマ・サバイバーが、「このことを話したら先生に嫌われるのではないか」、「聞いた相手を傷つけるのではないか」と感じています。性的虐待の話をして「先生を汚してしまいました。ごめんなさい」と泣いたクライエントもいます。

　だからこそ、揺らがずに受けとめて話を聞くことが大切なのです。

　ではその結果、もしもフラッシュバックが起きたらどのように対処すればよいか、次に学んでいきましょう。

❸フラッシュバック・解離からの回復を促進する

＊フラッシュバック＝解離されていた体験の再体験

　フラッシュバックとは、過去のトラウマ体験をなまなましく鮮明に再体験することです。
　なぜ「なまなましく鮮明」なのかというと、その体験が心の中で、他の記憶とは異なる形で疎隔化されていたからです。いわば「解離されていた」からこそ、過去の出来事にもかかわらず「今・ここ」で起きているかのように体験するのです。
　つまりフラッシュバックは「解離されていた体験の再体験症状」だと説明することができます。
　では具体的に、どんな状態になるのでしょうか。
　フラッシュバックや解離が起きている人は、視覚的になまなましく体験しているだけでなく、まるでビデオの中に入りこんだかのような身体的な再体験が起きることもあります。支援者にとっては、目の前にいる人が「どこかに行ってしまった」ような感じがするのが特徴です。
　たとえば以下のような状態になります。

▷それまでとは急に表情が変わり、苦しそうになったり、無表情になったりする。
▷急にしゃべらなくなる。
▷身体の動きが止まったり、何かを避けるような形になったり、何かから逃げるような形をとることがある。
▷声をかけても反応しない。あるいは、声をかけたり身体に触れたりすると、びくっとしたり、叫んだりする。

▷涙を流したり、過呼吸になることもある。

＊フラッシュバックが起きたときの対処法

　まず過呼吸が起きた場合は、息を細く長く吐くことを意識してもらい、呼吸の調節を手助けします。十分に吐けば、自然に吸えるものです。かつては紙袋を使った「ペーパーバッグ法」が推奨されましたが、リスクが指摘されたため現在は勧められていません。

　それ以外の対応ですが、まず大切な原則は、慌ててどうにかしようとしないことです。

　というのもフラッシュバックを起こしている最中には、「大丈夫ですか！」と揺さぶったその手が、加害者の手を思い出させたりします。支援者が呼びかける声が、加害者の声に聞こえている場合もあります。不意な手出しをすればするほど、フラッシュバックは増し、悪循環になりかねません。

　その状態から「今・ここ」の現実に戻ってきてもらうための支援をしてください。

　そのためには、次のようなことが役立ちます。

▷**落ち着いて、はっきりと穏やかな声で名前を呼ぶ。**
▷**意志疎通がつかなければ、しばらく静かに待つ。**席を外すことはせずに、「私はここにいますから、戻れるようになったら戻ってきてくださいね」などと声をかけ、見守る。
▷**表情が戻ったり、むくっと起き上がるなどしたら、「まわりを見てください」「私の顔を見られますか」というように声をかける。**周囲を見ることによって、自分があのときではなく「今・ここ」にいることが認識できる。
▷**疎通がついたら、「今・ここ」の感覚を強めるため、座ったまま足踏みをしてもらうなど、足がしっかりと地面についている（グラウンディング）ことを意識できるよう手助けする。**また、ゆっくり深く呼吸できるよう声をかける。

▷「ここは○○の面接室ですよ」「今日は○年○月○日ですよ」などと伝え、見当識の確認をする。
▷可能なら、水を飲んでもらうのもよい。

＊フラッシュバックを起こしそうなとき

　フラッシュバックを繰り返さなくてすむよう、どうやって止めればよいかという方法を当事者の方にも伝えておきましょう。中には、解離した状態で自傷行為を繰り返す場合もあるため、以下の方法はその予防にもなります。

▷目を閉じない。怖いときには目をつぶりたくなるものだが、目を閉じるとたちまち、トラウマ記憶のフラッシュバックの中に入りこんでしまう。だから目を開けて周囲を見る。
▷「私は今ここにいる」「それは終わった、今の私は安全だ」「それは過去のことだ」など、アファーメーション（宣言）の言葉を口に出す。
▷安全・安心の感覚とつながれるものを使う。たとえば、好きな人形やぬいぐるみを手にとる、安心を象徴する絵やカードを手に持って眺める、イメージやキーワードを思い浮かべる（１章24ページの「セーフ・プレース・エクササイズ」を参照）。

　いざというときに対処できるよう、こうしたツールやイメージを日頃から準備して備えておくことが大切です。
　なお、面接中にフラッシュバックを起こしそうになったときのためには、合言葉を決めておくとよいでしょう。
　たとえば、トラウマ体験について語ってもらう際、あらかじめ次のように説明しておきます。
「あなたがフラッシュバックを起こしかけたら、『私と一緒にいるよね？』と確認の言葉を言います」

支援者と一緒にいるのは、「今・ここ」の世界です。自分は被害を受けている過去の世界にいるのではなく、今の現実にいるのだと思い出すきっかけの一例が、「私と一緒にいるよね？」という言葉なのです。
　他にも、「ここはどこですか？」「今、何歳ですか？」といった当たり前の問いかけが役に立つことがあります。

＊フラッシュバックになってしまったら

　フラッシュバックを起こしたとき、自分自身で「今・ここ」に戻ってくる方法を当事者の方に伝えましょう。

・自分がフラッシュバックを起こしていることを意識し、「これはフラッシュバックだ、現実ではない」と自ら言い聞かせる。
・目を閉じずに、周囲を見る。
・「私は今○○歳だ」「私は今○○にいる」と確認する。
　（例：私は今、○○町の本屋にいる）
・何があのときと似ているのかに気づく。
　（例：男性が私の隣に立った。同じようなタバコの匂いがする）
・何があのときと違っているかに気づく。
　（例：今隣にいる男性は本を見ているだけ。私に何もしない）
・もう一度確認する。
　（例：あれは過去のこと。今、私は安全だ）

　こうやって、似ているところと違うところを意識しながら、過去のトラウマ体験と現在とを行ったり来たりすることで、徐々に「今・ここ」にいる感覚が戻り、フラッシュバックから解放されます。
　イメージやキーワードを思い浮かべることも非常に役立ちます。
　今の自分が、あのときよりもっと自分を守れる存在になっていることを信

じましょう。

　場合によってはフラッシュバックが誤報ではなく、「あのときと同じような危険が近づいているかもしれない」と知らせるサインになることもあります。たとえば、薄暗いバーで見知らぬ男性の隣に座って自分が酔っぱらいかけているとき、フラッシュバックが起きかけた……などです。潜在的な危険に気づくことができたら、すぐにその場を立ち去ればいいのです。

❹段階的心理教育とスキル形成

＊正常化──トラウマに関連して起きていることを理解する

　トラウマを抱えた人の多くは、さまざまな症状に翻弄されながら、自分がなぜこうなってしまうのかわからない、何が起きているのかわからない、どうすればよいのかわからない……という混乱状態にいます。
　こんなとき、まずは「自分に何が起きているのか」がわかるだけで、人は楽になれるものなのです。
　トラウマとは何か？
　PTSDの症状とはどういうものか？
　どんなことが症状の引き金になるか？
　慢性的なトラウマによるDESNOS症状とは？
　……本書の1～2章にあるような内容を、当事者の方に説明しましょう。
　トラウマ記憶は「冷凍保存記憶」なのだという説明は、自分の今の状況やフラッシュバックを理解するのに役立ちます。
　DESNOS症状が「調節の障害」であるとわかれば、こんな私はダメだという思いから解放されて、調節ができるようになっていけばよいのだというゴールが見えます。
「私が怒ってしまうのはDESNOSの症状なんだ」
「私が人を信じられないのは当然のことなんだ」
「私が時々記憶をなくすのもしかたないことなんだ」
「私が希望を持てないのもトラウマによる症状なのかもしれない。だとしたら、いつか希望をもてるかも」
　自分が変なのではなく、これはトラウマからくる当たり前の状態だと認められること。解決が可能だとわかることは、回復への意欲と希望を与えます。
　ただし、これで終わりではいけません。過去の自分を認めることができた

ら、次に将来の自分を守ることが必要です。

＊再演・再被害——なぜそうなるのかのメカニズムを知る

　性的虐待を受けて育った人が、たとえば援助交際など、さらに自分を性的に傷つける行動を繰り返す場合があります。
　よく聞くと、そんなことをしても何も楽しくないというのです。どうしてでしょう。
　幼いあのときに何が起きたのか、無意識のうちに知りたいと思って繰り返しているのかもしれません。
　相手が自分に好意を持ったことを認識すると自動的に、性的に反応するモードになってしまうのかもしれません。まるで自傷行為のように、自分をもっと汚そうとしているのかもしれません。
「どうせ男は性欲と金。金をしぼりとってやる」と復讐しようとしているのかもしれません。
　自分にとって加害者を象徴する相手（たとえば男性全体）に復讐しようとしているのかもしれません。
　そしてその行動を繰り返すごとに、ますます「汚い自分」「価値がない自分」という恥辱感（スティグマ）をつのらせていきます。
　トラウマが再演されるしくみを心理教育することで、こうしたスティグマをなくしていくことができます。
　もうひとつ虐待の中で育った人に時おり起こるのが、症状への嗜癖と言ってよい状態です。
　ある程度回復が進んだところで、次のレベルの回復へのステップに進めなくなり苦しくなってくると、安全な相手がいるところで繰り返しフラッシュバックを起こす場合があります。パートナーは心配してくれる、医療スタッフもケアしてくれる、こんな自分は捨てられてしまうのではという不安が解消できる上に、フラッシュバックが起きるとオピオイド（麻薬様物質）が分

泌されているのです。

　症状に嗜癖している状態が起きたら、そのことをきちんとご本人に伝える必要があります。つらさに共感するだけではなくて、「そのやり方は違うと思うよ」と指摘し、新しい方法を提案することも、支援の中では重要です。

＊自分を守る方法

　トラウマを抱えた人に対して「どうやって自分を守るか」を伝えることは、心理教育とスキル形成の重要なポイントです。
　まずは、SOSが出せるようになること。
「助けて」と言えずに症状や行動に表わすのではなく、きちんと言葉で助けを求められるようにサポートします。
　次に、「被害に遭わない自分」になること。
　虐待や犯罪被害を受けた責任はその人にはありません。ですから「あなたは悪くない」と繰り返して、誤った認知（私のせいなんだ）を変えていくことは何より大事です。ただし、そこで終わらずに次のステップが必要になります。
　その人がもし「私はレイプされて当然の価値のない女なんだ」と思っていたら、再び被害に遭います。そしてこうした思いこみ（スキーマ）は強固で、同じような現実を創り上げてしまうのです。
　DV被害者が次に選んだパートナーから再び暴力をふるわれたり、性被害を受けた人が何度も痴漢に遭ったりというのは、実際にとてもよくあることなのです。「この人、なんでこんなに被害に遭うの？　普通あり得ない」と思えることが事実として起きてしまうのが被害者の人生のパターンです。
　同じことを引き起こしてしまう認知や行動パターンに気づいて、変えていかれるようサポートする必要があります。
　痴漢を繰り返す加害者によると、ノーと言えない、拒まない相手は、一目でわかるそうです。

私は、繰り返される被害に苦しむクライエントに、自分の手を伸ばした領域に外界との卵形の境界線を形作り、その内側が金色のエネルギーで満たされているというイメージ技法を練習してもらいました。
　この方法で、繰り返される被害から解放されたのです。今までとは違う体験ができたことで、「私は自分を守れるのだ」という新しい自分への見方ができあがっていきます。

✻管制塔になること

　慢性的なトラウマの中で生きてきた人は、いわば曲芸飛行を続けてきたようなものです。位置情報も、目的地もないまま、たくさんの障害物を避けて生き延びることだけで精一杯でした。制動機能など備えていたら曲芸飛行はできないので、安定して飛ぶための装置もありません。ちょっとした引き金（トリガー）で誤認が起き、くるくる回って目標を見失ったりします。
　この状態にいる当事者を支援する際は、「一時的に」管制塔となることが必要です。次のように——

▷**回復の過程で今どこにいるかを示す**
　（今、あなたはここにいますね）
▷**回復段階における次の小さなステップや、その後の目標を共有する**
　（こっちへ向かおうとしているのですね）
▷**進歩を確認する**
　（前のときから、ここまで進みましたね）

　ずっとでなくていいのです。ある程度の期間、一緒に寄り添いながら、安定飛行に移る手助けをする存在になることが大切です。

❺支援者にとっての境界

＊怒りと受動性

　慢性的なトラウマを抱えた人は基本的に、怒りを押し殺しています。
　虐待の中で育った人は、たとえばしつけだと言って理不尽な暴力を受けたり、父が母を殴るところを目撃したり、言いたいことも言えずにいる母の情けない姿を見たり、幼い自分が他の家族の不満のはけ口にされたり……怒りを感じて当然なことをたくさん経験しているはずです。そしてその環境の中で自分の怒りを表現することは危険だったため、長いこと抑圧してきたのです。
　人間は、安心できる関係の中で初めて、感情を表出することができます。ですから、重篤なトラウマ症状を抱えた方の最初の感情表出は、長く抑圧されてきた怒りとして、私たち支援者に向くことが多いのです。
　表出された怒りに対して自分も怒りで反応するのではなく「どうしてこの人は、こんなに私にあたるの？」と立ち止まって考えられるようになったら、関係はうまくいき始めています。
　でもここで、怒りをぶつけられっぱなしの「サンドバッグ」になってはいけません。
「この人は気の毒なのだから、私さえ我慢すれば……」と考えたら、相手を加害者にしてしまうことになります。被害・加害の関係にはまることはトラウマの再演となりますし、その方自身があとから「先生にあんなことを言ってしまった私はひどい人間だ……」と死にたくなってしまう場合だってあるのです。
　ですから理不尽な怒りには、その場できちんと「ノー」を言うことが必要です。
　具体的な場面で考えてみましょう。たとえば私が面接の約束に５分遅れて

しまったとします。
「先生、ひどい！」と口にしたとたんに怒りがふくれあがって「私のことなんかどうでもいいと思っているんでしょ！　先生は全然私のことわかってくれないし、あのことだって、このことだって……」となるかもしれません。とりわけ、その方自身に言いたくない落ち度があったり、内心悪いことをしたと思っていることがあるとき、自分を守るように支援者への怒りが強く表出されることもあります。支援者はまるでぬれぎぬを着せられたような気分になります。こういうときは、どう答えたらいいでしょう。
「5分遅れたことはあやまります」と言った上で、それ以外の納得できないことについては「それは違うよ」と明確に線を引くことが必要です。

　もしも怒りが止まらないようであれば、
「ごめんね、今はここにいられません。落ち着いて話ができるようになったら戻りますから、声をかけてください」と言って静かに席を立ちます。

＊支配とコントロールの関係にはまらない

　慢性的なトラウマによるDESNOS症状は、つまるところ調節の障害です。極端から極端へ揺れ動いてコントロールができない状態は、支援者との関係にも現われます。

　崇拝というレベルまで信じて頼ってくるかと思うと、一転して「大嫌い」「裏切られた」「傷つけられた」と攻撃的な態度に変化したりします。もしもここで支援者が「こんなに助けてあげたのに、何を言うのですか！」と、怒りや断罪の気持ちで支配的に関わったとしたら、当事者の方が今まで経験してきたのと同じ、パワーの関係にはまってしまいます。

　トラウマを抱えた人は過去に、自分よりもパワーを持った人から傷つけられていることを忘れないようにしましょう。いくら対等な関係で支援をしているつもりでいても、支援者は、支援を受ける側よりも力を持った存在です。力の行使で当事者を傷つけないよう注意する必要があります。

「なんとかわからせよう」、「こちらの思うとおりによくなってほしい」という一種の情熱にかられると、それがコントロールとなり、かつて虐待者・加害者がその人を支配しようとした構造と同じになっていく危険があります。熱心になったときほど、要注意なのです。

　支配とコントロールの関係にはまらないためには、「境界」を意識することが欠かせません。

＊境界を守る

　人と人との健康で機能的な境界とは、そのときどきのお互いの関係性によって柔軟に変化するものです。

　境界を設定し、それを守ることは、自分が他人から侵入されないために、そして他人に侵入しないために、必要です。

　虐待の中で育った人は、境界の感覚が育っていません。個として尊重された経験がないのですから、それが当然です。また、犯罪被害など強烈な被害を受けた人は、いったん存在した境界を破壊されています。

　このことを意識して、支援の関係においては境界線をとりわけ意識しておくことが大切です。

　もしも相談に訪れた人が「先生のように素晴らしい人に会ったことがありません。先生のすべてを信じます」と言ったなら、これは急速に近づきすぎています。

「ちょっと待って。あなたが私のことを信頼してくれるのはとてもうれしいけれど、まだ会ったばかりで、一緒に回復の方法を探っている途中ですね。これから私があなたを絶対傷つけないという約束はできません。なぜならばあなたはまだとても脆弱だからです。すべて信じると言わないで、もしもおかしいなと思ったり、嫌だなと感じることがあったら、必ず私に言ってください」

　このように言うことで、相手との適切な距離や、境界を保つ関係を具体的

に示すことができます。

　もうひとつ大切なのが、支援者自身が自分の境界を守ることです。

　トラウマを抱えて苦しんでいる人は、助けを求めて、しばしば支援者の境界に侵入してきます。

　たとえば、予約した面接時間を過ぎても話したいことがまだあるかもしれないし、休日や夜中にも相談したいことが出てくるかもしれません。

　もしもそれに応じ続けていたら、どうなるでしょうか。

　相手のことを負担に感じたり、振り回されているように感じたとしたら、支援者として自分の境界が保てなくなっていることを示しています。

「約束した時間なので、もっと話したいことがあったら、それを来週までにノートに書いてみるのはどうでしょう」

「メールの返事は、一日一回だけにしますね」

　こうして支援者が境界を侵食されないよう自分を守ることは、当事者の方を守ることにつながります。

　次の項目では、支援者が健康さを保つことについて、さらに考えていきましょう。

❻代理受傷とその対処

＊代理受傷とは

　代理受傷は、二次受傷、二次性外傷性ストレス反応とも呼ばれます。支援の場面で被害者や被災者のトラウマ体験を見聞きすることによって、当事者と同様の感情的・身体的苦痛を体験すること、ひいては支援者自身の内的な世界観が変容していくことをさします。

　深く傷ついている相手と関わる中で、公私両面でさまざまなストレスを生じ、支援者自らも傷を受けてしまう（代理受傷）のです。

　これは、当事者と共感的に関わる以上は、ある程度まで避けられないことです。それを知った上で、早めに気づいて対処することと予防の方法を身につけておくことが必要です。

　たとえば仕事を終えて帰宅して、子どもが話をしようと駆け寄ってきたとき、思わずイラッとして「うるさいわね！　こっちは今、大変なんだから」と言ったとしたら、それはストレスが限界を超えつつあるサインかもしれません。

　次のような兆候に注意してください。

▷**家庭や職場で、なんとなくうまくいかない**
　（自分は大変な仕事をしているのに、のんきに見える家族に対して腹が立つ。職場の同僚や上司に対して怒りを感じることが増えたり、トラブルが増えたりする……など）
　↓
▷**自分の中で折り合いをつけようとして、悪循環**
　（感じないようにして自分を守ろうとするうち、感情そのものが感じられなくなってくる。死や性的なことや災害などにまつわるブラックユーモア

が口をついて出てしまう。自分では扱いきれない気持ちを誰かのせいにして攻撃・非難する……など）

↓

▷バーンアウト

（限界になって意欲を失う。燃えつき）

＊代理受傷の症状は PTSD と同じ

　代理受傷の典型的な症状は、PTSDの症状とよく似ています。それは再体験と、内的な世界観の変化です。

　世界観の変化とは、たとえば性犯罪被害者の支援をしている人が週刊誌のグラビアページに抑えられないほどの怒りと嫌悪感を覚えたり、「すべての性交はレイプだ」などと言い始めたり、DV被害者支援に関わっている人が「男性はみな暴力的なのだ」と考えるようになる、などです。

【代理受傷の症状】

▷被害者の体験のシーンが頭に浮かぶ

▷被害者の体験に対して、強い恐怖や不安が生じる

▷支援者の内的な世界観の変化

　→世の中は安全ではない

　→他人は信頼できない

　→自分は支援者として無能だ、向いていない

　→人生には希望がない

▷身体的不調や苦痛

　こうしたことが起きるのは、その人が弱いからではありません。代理受傷は、トラウマを抱えた当事者と関わる時間に比例します。親身になって聞く

トラウマの話は、支援者自身のトラウマ体験になりうるのです。
　さらに次のような場合、代理受傷のリスクが高くなります。

①支援者要因
　どのようなトラウマを抱えた方に関わっているか、知識・訓練・経験がどれぐらいあるかによって左右される。性暴力や虐待ケース、特に子どものクライエントでは、代理受傷のリスクが高い。トラウマ物語への暴露が多いほど、また、トラウマに関する知識や臨床経験が乏しいほど、リスクが高い。

②個人要因
　支援者のもつ個人的な背景によっても変わってくる。過去にトラウマ体験を抱え、それが未完の課題である場合、リスクが高い。家庭や友人関係など個人生活でのストレスがあるほどリスクが高い。また、一般に年齢が若いほうが、そして男性より女性の方が、リスクが高い。

③職場要因
　どれだけのサポートがあるかによって変わる。情緒的・技術的なサポートを職場から得られていると感じている人は、リスクが低くなる。逆に、トラウマ臨床への理解や共通認識がない職場においては、リスクが高くなる。

　トラウマ体験にたくさんさらされて、そして知識が少ないほど、代理受傷の危険が大きくなることを覚えておきましょう。
　知識は力、自分を守ってくれます。

＊解消法と予防法

　まず大切なのは、自分の限界を超えないようにすることです。対応可能な質と量を超えると、怒りが出てくるなど自分で自分をコントロールしきれていない感覚に陥ります。
　ですから時間やケースの数を適切な範囲に限ること、自分の中にたまったものを解消する手段を持つことが欠かせません。
　次のようなことを心がけてください。

▷トラウマ支援は一定時間を超えないようにし、途中で休憩を入れる。
▷一人ではなくチームで活動する。
▷チームのメンバーと話すことで、自分の感情を解放する。
▷完全にやろうとしなくていい。自分の限界を超えないようにする。
▷趣味やストレス解消の方法をもつ。
▷仕事とプライベートを区別し、私生活を大切にする。
▷十分な休養や休暇をとる。
▷資格や経験のある人からスーパービジョンを受ける。
▷代理受傷についての知識と理解。特に、管理者が理解し、スタッフに代理受傷のサインが出ていないか気を配る。

　支援者の多くが、何らかの傷つき体験を持っているものです。
　自分が傷つきから回復してきたという実感は支援における強みにもなりますが、まだ向き合えずにいるトラウマがあると、代理受傷の危険が増し、当事者との関係も危険なものになります。ですから、自分の課題と向き合い、完ぺきでなくていいので癒しに向かって進んでいることが大切です。
　自分自身が健康でいることが、よい支援につながります。
　最後にもう一度まとめとして、支援を続けるための「３つのキーワード」を挙げておきます。

①**準備**

ケースに即した訓練を受ける。

自分自身が未消化の個人トラウマを抱えている場合、その課題について自分自身がセラピーを受ける。未処理の課題があると、それが当事者との関係に悪影響を及ぼすため。

②**サポート**

トラウマ支援は一人ではできないし、一人で行なってはいけない。セラピスト同士のつながりや、多職種の連携が必要。また、被害者・被災者への社会的サポートも欠かせない。

③**バランス**

面談などで、トラウマのケースばかりを扱うことを避ける。避けられない場合は、予約時に回復途上のケースを重症ケースの間に入れてバランスをとる。私生活を充実させて日常生活でのバランスにも留意する。

ちょっと長めのあとがき

赤ずきん・オオカミ・外傷問題

「赤ずきん」と「オオカミ」の成長と回復の旅におつきあいくださいましてありがとうございました。

この物語の主人公をなぜ「赤ずきんとオオカミ」にしたのか……これには、深いわけがあります。

物語の主人公としての赤ずきんの歴史は、女性の歴史と深く関係しています。「赤ずきん」の原型は、本来民間伝承として語られてきたものでした。そこに出てくる女の子はオオカミと駆け引きしたり、出し抜いて勝ったり、対等な存在であったようです。それが17世紀、フランスのペローによってオオカミに食べられて終わる教訓話になり、19世紀にはドイツのグリムによって猟師に救われる救済物語に書き直されました。女性の弱さを体現した赤ずきんはある時期から、性被害を受けた女性の象徴となり、「赤ずきん」という物語自体が近代のフェミニストの攻撃の対象となり、たくさんのパロディが生まれました。「オオカミ」は……「狼男」「男はオオカミ」……ワルモノ、加害者の象徴です。赤ずきん＝被害者、オオカミ＝加害者という図式の成立です。

私は若き日のフランス留学前後に、当時ハーマンの『心的外傷と回復』を訳していた中井久夫先生の薫陶で、エランベルジェという精神科医の著作に触れ、彼が孫たちのためにたったひとつ残した『いろいろずきん』という童話に惚れ込みました。黄色、白、ばら色、青、緑色の「頭巾」をかぶった元気な女の子が、オオカミと共に活躍するオムニバス童

話で、ここには精神医学史家でもあり、被害者に深い思いを寄せたエランベルジェの思索が隠されていると私は考えました。

　フランスから帰国して浜松医科大学森則夫教授のご高配で静岡県警被害者対策アドヴァイザーになり、性暴力など単回性の被害の被害者を診るようになり、さらに複雑性トラウマの被害者を診るようになり、さらに加害児の治療のなかで加害体験の裏に、往々にして過去の被害体験があることを知りました。経験が深まるほど、私のなかでは、加害者も被害者も同根であるという思いが深まりました。

　エランベルジェ以外の著者による、たくさんのパロディのなかで「赤ずきん」も「オオカミ」も加害と被害の役割をくるくる変えるばかりです。私は被害者であった赤ずきんと加害者であったけれど実は被害者であったオオカミとが、共に回復して対等に向かいあい協力しあって、新しい世界を作っていく物語を書きたかったのです。このような形で夢をかなえてくださったアスクとの出会いに感謝します。

アスクとの関わり

　本書のコンセプトが生まれたきっかけは、当時私が在籍していた病院の講演会で「トラウマを受けた人に伝えたい７つのこと」という講演を行なった時に、アスク代表の今成知美さんがその内容に注目し、何か企画ができないかとお誘いをうけたことでした。アスクは長年アルコール問題に取り組むなかで、心理教育・セルフケア・ライフスキルの３本柱を元に、事業を展開していました。私がトラウマを受けた人のために最低限必要だと考えていた共通項と、それが一致したのです。「赤ずきんを主人公にしよう」。それが季刊誌『Be!』107号（2012年6月）の特集になりました。その続編を考える中で慢性的なトラウマの被害者であ

る「オオカミさん」が生まれたとき、大きな物語が走り始めました。ひとつ作ると、まだ必要だと感じられて、書き続けた４つの特集企画を下敷きに本書は作られました。

　当時、私は東日本大震災の支援活動（岩手県宮古・山田地区の学校支援）をしていました。月に２回早朝に東京の自宅を出、９時半に盛岡市の単科の精神病院でのトラウマ外来診療を開始し、昼過ぎには病院スタッフと社会福祉施設スタッフの研修を、夜にはスクールカウンセラーへの研修を行ない、翌日早朝に宮古・山田地区に向かい、スクールカウンセラーと共に沿岸部の学校巡りをしました。静岡県で警察官や犯罪被害者を対象に行なっていたトラウマ・ケアの話を、さらに幅広いさまざまな職種の人に行なうようになったのです。まさにトラウマ・インフォームド・ケアの培地を作る作業でした。それがアスクでのワークショップにコンパクトにまとまりました。

　冒頭にも述べた「トラウマ・インフォームド・アプローチ／ケア」を提唱する米国薬物乱用・精神衛生管理庁（SAMHSA）は、全米子どものトラウマティック・ストレス・ネットワーク（NCTSN）のスポンサーでもあります。NCTSNの活動は、子どものトラウマを中心に、子どもと家族＝すなわちすべての人を対象にしたアプローチに広がり、近年我が国でも研修が行なわれ始めたサイコロジカル・ファーストエイドや、サイコロジカル・リカバリー・スキルなどの均てん化技法（種を蒔くように広めて行く方法）の形成につながりました。

　SAMHSAは物質乱用対策を行なう省庁です。「アディクション」の問題を扱う省庁が子ども期からのトラウマに焦点をあてるこのような流れを作ったこと、同じく依存症と家族の問題に取り組んできたアスクとのご縁でこの本が生まれたことを、とても意義深く感じています。

わたくしのこと

　最後にひとつ小さな告白をします。私自身が自分を「赤ずきん」になぞらえていた時期がありました。私はごく幼いときと思春期にいわゆる単回性の性被害に二度遭っているのです。
　10代のある日、花束を持参してご挨拶にいった場所でそれは起きました。途中の記憶がありません。体験をやっと話せるようになったときに母が言った「何があってもあなたは私の誇り」という言葉は忘れられません。
　警察と協働を開始し、トラウマ臨床を始めてから、今度はずっと忘れていた幼児期の記憶の一部が戻り始めました。なぜ自分が思春期の時に、何も抵抗ができなかったばかりか、記憶もなかったのかという理由がわかりはじめたのです。
　パズルの断片のように返り始めた記憶の回帰の過程を、私は自分の人生における役割のために、しっかりと自分の心身を通して体験する必要があったのでしょう。
　なぜ、そのことをここで書くのかについて触れます。たとえば性的虐待であれば、日本では女児の6人に1人、男児の10人に1人が受けているというデータがあります。国連による「世界の女性」報告書には、女性の3分の1が人生のどこかで、身体的、性的な暴力被害を受けていると記されています。もちろん女性のみが受ける被害はなく、戦争なども含め、男性がより多く受ける被害もあります。被害を内在化し再被害を受けやすい女性と、外在化し加害者になりやすい男性との間で、加害被害の連鎖が起きているのです。
　被害者も、加害者も——トラウマを受けた多くの当事者が、誰にもそれを話せず、深い恥の意識をもっています。恥は症状や問題行動に発展

するさまざまな感情の根源です。「No Shame, No Blame ──恥ずかしくなんかない、あなたはちっとも悪くない」と自分や人に心から伝えていただくために、ひとつの連帯の表現として、私はここに戦略的に開示をいたしました。

　被害体験は治療者としての私に恩恵ももたらしました。セルフケアの技法や治療技法を身につけるたびに自分に施行することができます。自分に使えれば人にも使えますし、自然に教えられるようになります。いわゆる症状がなくなっても長く回復の旅は続きます。記憶の回帰は親密な対人関係を損傷し、私は離婚を経験しました。人生は回り道の多いものになりました。

「『そのこと』が起きなかったらどれほど生きるのが楽だっただろう。自分のもつ能力をどれだけ発揮できただろう」……そう苦しんだこともありました。

　でも喜びもあります。家族が壊れたら新しい大きな家族ができます。新しい出会いを一歩一歩形にしていくこともできます。自分を通して常に学び続けることができます。さまざまな技法の研修を受けるなかで、『そのとき』の私の身体の動き──どう抗ってどのように逃げたかや、『そのとき』の視覚的記憶や身体感覚などを想起できたとき、スピリチュアルな意味で自己の同一性を取り戻し、私という魂の完全性を感じたとき……喜びを実感する瞬間が何度もありました。

　時間はかかりましたが、もう手放せるということも含めて、すべての自分のパーツを取り戻すことができたと考えています。そのような意味では、本書における赤ずきんもオオカミさんも、ある一部分は、私の分身であるといえるでしょう。

　誰一人として、同じトラウマ体験はありません。被害体験があるからといって、他の被害者の気持ちが理解できるわけでもありません。ただ

私は、再被害や再演という複雑な現象を含む「あるひとつの被害」の帰結を知り、そこからの回復体験をもっています。そのことは、私がときに困難を伴うトラウマ臨床から逃げることなく、向かいあい続ける原動力になりました。

謝　辞

　本書の成立には、私自身の旅で出会った多くの人がかかわっています。癒しの技を学ぶ過程で出会った多くの治療者の皆様、本で出会った方も実際に教えを受けた方も、教えていただいた知識は本書のなかに息づいています。枚挙にいとまはありませんが、とりわけ個人的に助力をいただいた村上直人先生、中井久夫先生、小西聖子先生、加茂登志子先生、嶺輝子先生、Linde Zingaro先生、Esther Deblinger先生、Monica Fitzgerald先生の名をあげ感謝を申し上げます。

　また東日本大震災のあと、子どもたちの支援のため招聘してくださいました岩手県教育委員会の皆様、盛岡市未来の風せいわ病院の智田文徳先生、ありがとうございました。当時の私は、国の機関を辞めたことで人生のテーマと定めた子ども虐待やDV問題の解決ができなくなり、災害にも間に合わなかったと苦悩していたのですが、災害の中で支援の場を与えられ、私自身の力を改めて思い出すことができました。

　その後、Seeding Hopeを共に立ち上げた仲間、企画に参加していただいた皆様、現在もTF-CBTの均てん化を共に行なうIFCAの粟津美穂さん、さまざまな知識や技法や態度を共に学び、支援を届けている皆様に心より感謝します。紀平省悟兄、五十嵐郁代姉は、原稿段階で本書を通読し意見を述べてくださいました。ありがとうございます。

　本書の成立に大きな力を貸してくださり、いつも歩みを励ましてくだ

さったアスクの今成知美さん、震災支援で多忙ななか執筆が困難であったとき、ワークショップの内容を文章に起こし、話したことを打てば響くように理解して文章にしてくださった編集者の武田裕子さん、お二人の感性と体験がこの本の通奏低音として響いています。私のなかにいた「赤ずきん」が、とうとう一人歩きをし始めるのを促したのは、イラストレーターの森のくじらさんです。この「チーム赤ずきん」の皆様に心より感謝いたします。また不思議な出会いから「ハリネズミさん」というキャラクターの誕生に力を貸してくださったＹＨさんにも御礼を申し上げます。

　そして、何よりも日々、私を力づけ、前へ、前へと歩ませてくれたのは、多くのクライエントの方たちとサポーティブな家族の歩みや回復でした。私は臨床家としてまだまだ未熟ですし、とりわけ若い頃には至らぬことも多かったかと思います。大切な体験を打ち明けてくださり、回復の旅に伴走させていただいたことに、尊敬と感謝の気持ちをお伝えいたします。

　最後に、私を強く優しく育んでくれた父と母に、私の家族に、私の初めての単著となったこの本を捧げます。私が治療者として存在できるのは運に恵まれただけであると私はいつも感じています。だからこそ受けた愛情や恩を世の中に還元したいと思い、努力をしてきました。

　私は今、自分の人生に起きたすべての出来事を、かけがえのない大切なものだと感じて生きています。生まれてきてよかった。育ててくれてありがとう。一緒に生きてくれてありがとう。感謝します。

　それではみなさまも、それぞれのよい旅を！

2016年3月23日　天秤座の満月の日に
白川美也子

巻末資料

◆ DSM-5 における心的外傷後ストレス障害の診断基準

Posttraumatic Stress Disorder（PTSD）
《心的外傷後ストレス障害》

注：以下の基準は成人、青年、6歳を超える子どもについて適用する。6歳以下の子どもについては後述の基準を参照すること。

A. 実際にまたは危うく死ぬ、重症を負う、性的暴力を受ける出来事への、以下のいずれか1つ（またはそれ以上）の形による曝露：
（1）心的外傷的出来事を直接体験する。
（2）他人に起こった出来事を直に目撃する。
（3）近親者または親しい友人に起こった心的外傷的出来事を耳にする。家族または友人が実際に死んだ出来事または危うく死にそうになった出来事の場合、それは暴力的なものまたは偶発的なものでなくてはならない。
（4）心的外傷的出来事の強い不快感をいだく細部に、繰り返しまたは極端に曝露される体験をする（例：遺体を収集する緊急対応要員、児童虐待の詳細に繰り返し曝露される警官）。
　　注：基準A4は、仕事に関連するものでない限り、電子媒体、テレビ、映像、または写真による曝露には適用されない。

B. 心的外傷的出来事の後に始まる、その心的外傷的出来事に関連した、以下のいずれか1つ（またはそれ以上）の侵入症状の存在：
（1）心的外傷的出来事の反復的、不随意的、および侵入的で苦痛な記憶。
　　注：6歳を超える子どもの場合、心的外傷的出来事の主題または側面が表現された遊びを繰り返すことがある。
（2）夢の内容と感情またはそのいずれかが心的外傷的出来事に関連している、反復的で苦痛な夢。
　　注：子どもの場合、内容のはっきりしない恐ろしい夢のことがある。
（3）心的外傷的出来事が再び起こっているように感じる、またはそのように行動する解離症状（例：フラッシュバック）。（このような反応は1つの連続体として生じ、非常に極端な場合は現実の状況への認識を完全に喪失するという形で現れる）
　　注：子どもの場合、心的外傷に特異的な再演が遊びの中で起こることがある。
（4）心的外傷的出来事の側面を象徴するまたはそれに類似する、内的または外的なきっ

かけに曝露された際の強烈なまたは遷延する心理的苦痛。
(5) 心的外傷的出来事の側面を象徴するまたはそれに類似する、内的または外的なきっかけに対する顕著な生理学的反応。

C. 心的外傷的出来事に関連する刺激の持続的回避。心的外傷的出来事の後に始まり、以下のいずれか 1 つまたは両方で示される。
(1) 心的外傷的出来事についての、または密接に関連する苦痛な記憶、思考、または感情の回避、または回避しようとする努力。
(2) 心的外傷的出来事についての、または密接に関連する苦痛な記憶、思考、または感情を呼び起こすことに結びつくもの（人、場所、会話、行動、物、状況）の回避、または回避しようとする努力。

D. 心的外傷的出来事に関連した認知と気分の陰性の変化。心的外傷的出来事の後に発現または悪化し、以下のいずれか 2 つ（またはそれ以上）で示される。
(1) 心的外傷的出来事の重要な側面の想起不能（通常は解離性健忘によるものであり、頭部外傷やアルコール、または薬物など他の要因によるものではない）。
(2) 自分自身や他者、世界に対する持続的で過剰に否定的な信念や予想（例：「私が悪い」、「誰も信用できない」、「世界は徹底的に危険だ」、「私の全神経系は永久に破壊された」）。
(3) 自分自身や他者への非難につながる、心的外傷的出来事の原因や結果についての持続的でゆがんだ認識。
(4) 持続的な陰性の感情状態（例：恐怖、戦慄、怒り、罪悪感、または恥）。
(5) 重要な活動への関心または参加の著しい減退。
(6) 他者から孤立している、または疎遠になっている感覚。
(7) 陽性の情動を体験することが持続的にできないこと（例：幸福や満足、愛情を感じることができないこと）。

E. 心的外傷的出来事と関連した、覚醒度と反応性の著しい変化。心的外傷的出来事の後に発現または悪化し、以下のいずれか 2 つ（またはそれ以上）で示される。
(1) 人や物に対する言語的または身体的な攻撃性で通常示される、（ほとんど挑発なしでの）いらだたしさと激しい怒り。
(2) 無謀なまたは自己破壊的な行動。
(3) 過度の警戒心。
(4) 過剰な驚愕反応。
(5) 集中困難。
(6) 睡眠障害（例：入眠や睡眠維持の困難、または浅い眠り）。

F. 障害（基準 B,C,D および E）の持続が 1 カ月以上。

G. その障害は、臨床的に意味のある苦痛、または社会的、職業的、または他の重要な領域における機能の障害を引き起こしている。

H. その障害は、物質（例：医薬品またはアルコール）または他の医学的疾患の生理学的作用によるものではない。
▶ いずれかを特定せよ
解離症状を伴う：症状が心的外傷後ストレス障害の基準を満たし、加えてストレス因への反応として、次のいずれかの症状を持続的または反復的に体験する。
１．**離人感**：自分の精神機能や身体から遊離し、あたかも外部の傍観者であるかのように感じる持続的または反復的な体験（例：夢の中にいるような感じ、自己または身体の非現実感や、時間が進むのが遅い感覚）
２．**現実感消失**：周囲の非現実感の持続的または反復的な体験（例：まわりの世界が非現実的で、夢のようで、ぼんやりし、またはゆがんでいるように体験される）
注：この下位分類を用いるには、解離症状が物質（例：アルコール中毒中の意識喪失、行動）または他の医学的疾患（例：複雑部分発作）の生理学的作用によるものであってはならない。

▶ 該当すれば特定せよ
遅延顕症型：その出来事から少なくとも６カ月間（いくつかの症状の発症や発現が即時であったとしても）診断基準を完全には満たしていない場合

《６歳以下の子どもの心的外傷後ストレス障害》

A. ６歳以下の子どもにおける、実際にまたは危うく死ぬ、重症を負う、性的暴力を受ける出来事への、以下のいずれか１つ（またはそれ以上）の形による曝露：
（１）心的外傷的出来事を直接体験する。
（２）他人、特に主な養育者に起こった出来事を直に目撃する。
　　　注：電子媒体、テレビ、映像、または写真のみで見た出来事は目撃に含めない。
（３）親または養育者に起こった心的外傷的出来事を耳にする。

B. 心的外傷的出来事の後に始まる、その心的外傷的出来事に関連した、以下のいずれか１つ（またはそれ以上）の侵入症状の存在：
（１）心的外傷的出来事の反復的、不随意的、および侵入的で苦痛な記憶。
　　　注：自動的で侵入的な記憶は必ずしも苦痛として現れるわけではなく、再演する遊びとして表現されることがある。
（２）夢の内容と感情またはそのいずれかが心的外傷的出来事に関連している、反復的で苦痛な夢。
　　　注：恐ろしい内容が心的外傷的出来事に関連していることを確認できないことがある。

(3) 心的外傷的出来事が再び起こっているように感じる、またはそのように行動する解離症状（例：フラッシュバック）（このような反応は 1 つの連続体として生じ、非常に極端な場合は現実の状況への認識を完全に喪失するという形で現れる）。このような心的外傷に特異的な再演が遊びの中で起こることがある。
(4) 心的外傷的出来事の側面を象徴するまたはそれに類似する、内的または外的なきっかけに曝露された際の強烈なまたは遷延する心理的苦痛。
(5) 心的外傷的出来事を想起させるものへの顕著な生理学的反応。

C. 心的外傷的出来事に関連する刺激の持続的回避、または心的外傷的出来事に関連した認知と気分の陰性の変化で示される、以下の症状のいずれか 1 つ（またはそれ以上）が存在する必要があり、それは心的外傷的出来事の後に発現または悪化している。

刺激の持続的回避
(1) 心的外傷的出来事の記憶を喚起する行為、場所、身体的に思い出させるものの回避、または回避しようとする努力。
(2) 心的外傷的出来事の記憶を喚起する人や会話、対人関係の回避、または回避しようとする努力。

認知の陰性変化
(3) 陰性の情動状態（例：恐怖、罪悪感、悲しみ、恥、混乱）の大幅な増加。
(4) 遊びの抑制を含め、重要な活動への関心または参加の著しい減退。
(5) 社会的な引きこもり行動。
(6) 陽性の情動を表出することの持続的減少。

D. 心的外傷的出来事と関連した覚醒度と反応性の著しい変化。心的外傷的出来事の後に発現または悪化しており、以下のうち 2 つ（またはそれ以上）によって示される。
(1) 人や物に対する（極端なかんしゃくを含む）言語的または身体的な攻撃性で通常示される、（ほとんど挑発なしでの）いらだたしさと激しい怒り。
(2) 過度の警戒心。
(3) 過剰な驚愕反応。
(4) 集中困難。
(5) 睡眠障害（例：入眠や睡眠維持の困難、または浅い眠り）。

E. 障害の持続が 1 カ月以上。

F. その障害は、臨床的に意味のある苦痛、または両親や同胞、仲間、他の養育者との関係や学校活動における機能の障害を引き起こしている。

G. その障害は、物質（例：医薬品またはアルコール）または他の医学的疾患の生理学的作用によるものではない。

▶ いずれかを特定せよ

解離症状を伴う：症状が心的外傷後ストレス障害の基準を満たし、次のいずれかの症状を持続的または反復的に体験する。

１．離人感：自分の精神機能や身体から遊離し、あたかも外部の傍観者であるかのように感じる持続的または反復的な体験（例：夢の中にいるような感じ、自己または身体の非現実感や、時間が進むのが遅い感覚）

２．現実感消失：周囲の非現実感の持続的または反復的な体験（例：まわりの世界が非現実的で、夢のようで、ぼんやりし、またはゆがんでいるように体験される）

注：この下位分類を用いるには、解離症状が物質（例：意識喪失）または他の医学的疾患（例：複雑部分発作）の生理学的作用によるものであってはならない。

▶ 該当すれば特定せよ

遅延顕症型：その出来事から少なくとも６カ月間（いくつかの症状の発症や発現が即時であったとしても）診断基準を完全には満たしていない場合。

日本精神神経学会（日本語版用語監修），髙橋 三郎・大野 裕（監訳）：DSM-5 精神疾患の診断・統計マニュアル，医学書院, 269-272, 2014　※許諾を得て転載

◆ DSM-5 における急性ストレス障害の診断基準

Acute Stress Disorder（ASD）
《急性ストレス障害》

A．実際にまたは危うく死ぬ、重症を負う、性的暴力を受ける出来事への、以下のいずれか１つ（またはそれ以上）の形による曝露：
（１）心的外傷的出来事を直接体験する。
（２）他人に起こった出来事を直に目撃する。
（３）近親者または親しい友人に起こった出来事を耳にする。
　　　注：家族または友人が実際に死んだ出来事または危うく死にそうになった出来事の場合、それは暴力的なものまたは偶発的なものでなくてはならない。
（４）心的外傷的出来事の強い不快感をいだく細部に、繰り返しまたは極端に曝露される体験をする（例：遺体を収集する緊急対応要員、児童虐待の詳細に繰り返し曝露される警官）。
　　　注：仕事に関連するものでない限り、電子媒体、テレビ、映像、または写真による曝露には適用されない。

B．心的外傷的出来事の後に発現または悪化している、侵入症状、陰性気分、解離症状、回避症状、覚醒症状の５領域のいずれかの、以下の症状のうち９つ（またはそれ以上）の存在

侵入症状
（１）心的外傷的出来事の反復的、不随意的、および侵入的で苦痛な記憶。
　　　注：子どもの場合、心的外傷的出来事の主題または側面が表現された遊びを繰り返すことがある。
（２）夢の内容と感情またはそのいずれかが心的外傷的出来事に関連している、反復的で苦痛な夢。
　　　注：子どもの場合、内容のはっきりしない恐ろしい夢のことがある。
（３）心的外傷的出来事が再び起こっているように感じる、またはそのように行動する解離症状（例：フラッシュバック）。（このような反応は１つの連続体として生じ、非常に極端な場合は現実の状況への認識を完全に喪失するという形で現れる）
　　　注：子どもの場合、心的外傷に特異的な再演が遊びの中で起こることがある。
（４）心的外傷的出来事の側面を象徴するまたはそれに類似する、内的または外的なきっかけに反応して起こる、強烈なまたは遷延する心理的苦痛または顕著な生理的反応。

陰性気分
（５）陽性の情動を体験することの持続的な不能（例：幸福、満足、または愛情を感じるこ

とができない)。

解離症状
(6) 周囲または自分自身の現実が変容した感覚(例:他者の視点から自分を見ている、ぼーっとしている、時間の流れが遅い)。
(7) 心的外傷的出来事の重要な側面の想起不能(通常は解離性健忘によるものであり、頭部外傷やアルコール、または薬物など他の要因によるものではない)。

回避症状
(8) 心的外傷的出来事についての、または密接に関連する苦痛な記憶、思考、または感情を回避しようとする努力。
(9) 心的外傷的出来事についての、または密接に関連する苦痛な記憶、思考、または感情を呼び起こすことに結びつくもの(人、場所、会話、行動、物、状況)を回避しようとする努力。

覚醒症状
(10) 睡眠障害(例:入眠や睡眠維持の困難、または浅い眠り)。
(11) 人や物に対する言語的または身体的な攻撃性で通常示される、(ほとんど挑発なしでの)いらだたしさの行動と激しい怒り。
(12) 過度の警戒心。
(13) 集中困難。
(14) 過剰な驚愕反応。

C. 障害(基準Bの症状)の持続は心的外傷への曝露後に3日〜1カ月
　注:通常は心的外傷後すぐ症状が出現するが、診断基準を満たすには持続が最短でも3日、および最長でも1カ月の必要がある。

D. その障害は、臨床的に意味のある苦痛、または社会的、職業的、または他の重要な領域における機能の障害を引き起こしている。

E. その障害は、物質(例:医薬品またはアルコール)または他の医学的疾患(例:軽度外傷性脳損傷)の生理学的作用によるものではなく、短期精神病性障害ではうまく説明されない。

日本精神神経学会(日本語版用語監修), 髙橋 三郎・大野 裕(監訳):DSM-5精神疾患の診断・統計マニュアル,医学書院, 269-278, 2014 ※許諾を得て転載

◆他に特定されない極度のストレス障害（DESNOS）：診断基準の試案

Disorder of extreme stress not otherwise specified（DESNOS）

A. 感情覚醒の制御における変化
（1）慢性的な感情の制御障害
（2）怒りの調整困難
（3）自己破壊行動及び自殺行動
（4）性的な関係の制御困難
（5）衝動的で危険を求める行動

B. 注意や意識における変化
（1）健忘
（2）解離

C. 身体化

D. 慢性的な人格変化
（1）自己認識における変化：慢性的な罪悪感と恥辱感、自責感、自分は役に立たない人間だという感覚、取り返しのつかないダメージを受けているという感覚
（2）加害者に対する認識の変化：加害者から採り込んだ歪んだ信念、加害者の理想化
（3）他者との関係の変化
　　（a）他者を信頼して人間関係を維持することが出来ないこと
　　（b）再び被害者となる傾向
　　（c）他者に被害を及ぼす傾向

E. 意味体系における変化
（1）絶望感と希望の喪失
（2）以前の自分を支えていた信念の喪失

van der Kolk 他：『トラウマティック・ストレス』西澤哲監訳，誠信書房，p.231, 2001
※許諾を得て転載

◆発達性トラウマ障害概念

Developmental Trauma Disorder（van der Kolk, 2005）

A 基準：（トラウマ暴露）
1. ひとつかそれ以上にわたる発達的に有害な対人関係のトラウマ（遺棄、裏切り、身体的暴力、性暴力、身体統合性への脅威、強制行為、情緒的虐待、暴力や死の目撃）に複数回にわたって慢性的に曝される。
2. 主観的な体験（激怒、裏切られ感、恐怖、服従、打ちのめされ、恥）

B 基準：トラウマ的な引き金に対して引き起こされる、繰り返される調節障害のパターン
引き金：トリガーがあったときの調節障害（ハイパーもしくはハイポ）。変化は長く続き、意識してもその強度は減らず、ベースラインに戻らない。
　○ 感情
　○ 身体（生理学的、運動的、身体症状的）
　○ 行動（再演、カッティング）
　○ 認知（また起こるのではないかと思うこと、混乱、解離、離人）
　○ 関係性（まとわりつき、反抗、不信、従属）
　○ 自己帰属（自己嫌悪、自責）

C 基準：反復される歪んだ帰属と予測
　○ ネガティブな自己帰属（訳注：自分のせいにして責めるなど）
　○ 保護してくれるケアテーカーへの不信
　○ 他者から保護されることの期待性の喪失
　○ 保護してくれる社会機関への不信
　○ 社会的な正義／制裁の資源の欠如
　○ 将来における被害化が不可避性

D 基準：機能不全
　○ 教育
　○ 家族
　○ 仲間
　○ 法的
　○ 職業的

白川美也子：「子ども虐待による長期の影響」『治療』87号, pp.3200-3207, 2005

◆発達性トラウマ障害の診断基準（DSM-5 への試案）

A. **曝露**：小児期あるいは思春期早期に始まり1年間以上にわたり継続する複数回もしくは持続する有害な出来事を経験、目撃している。
- A1. 反復的で深刻な対人暴力のエピソードを直接的な経験あるいは目撃
- A2. 主たる養育者の交代による分離の繰り返しや、深刻で持続する情緒的虐待により保護的な養育における深刻な阻害

B. **感情および生理的状態の調節障害**：興奮の調節に関する通常の発達的能力が阻害されており、以下の項目のうち少なくとも2つに該当する。
- B1. 極度の感情状態（恐怖、怒り、恥辱など）の調節、耐えられないこと、あるいはそうした感情状態からの回復ができないこと。持続するあるいは極度のかんしゃくや無動を含む
- B2. 身体的機能の調節障害（睡眠、摂食、排泄に関する持続する障害；身体接触や音に対する過剰反応性もしくは過少反応性；日常活動の切り替えのうまくいかなさなど）
- B3. 感覚、感情、身体の状態への気づきの低下もしくは解離
- B4. 感情や身体の状態を表現する能力の障害

C. **注意および行動の調節障害**：注意の持続、学習、ストレス対処に関する通常の発達における能力が阻害されており、以下の項目の少なくとも3つに該当する。
- C1. 脅威に対する過剰なとらわれ、あるいは、脅威を認識する能力の問題。安全や危険を示す手がかりの誤認を含む
- C2. 極度に危険を顧みない、スリルを求める行動を含む自己を守る能力の損傷
- C3. 自己の鎮静化をはかるための不適応的な行為（ロッキングや他の身体のリズミカルな動き、強迫的なマスターベーションなど）。
- C4. 習慣性（意図的もしくは自動的）、あるいは反応性の自傷
- C5. 目標に向かう行動を開始できない、もしくは持続できないこと

D. **自己および関係性の調節障害**：個人の自己感と対人関係の領域における通常の発達的能力の損傷。以下の項目の少なくとも3つに該当する。
- D1. 養育者やその他の子どもの愛情の対象者の安全性についての過剰なとらわれ。対象者との分離後の再会の困難
- D2. 持続する否定的な自己感：自責感、無力感、自己無価値観、無能感、「欠陥がある」という感覚など
- D3. 大人や仲間との親密な関係における持続する極度の不信や反抗、あるいは相互的関係の欠如
- D4. 仲間や養育者、その他の大人に対する、反応性の身体的暴力、あるいは言葉による暴力

   D5. 不適切な（過剰、もしくは見境のない）親密な関係性（性的もしくは身体的親密性を含むがそれのみに限定されない）を持とうとする試み。または、安全や安心を他の子どもや大人に過剰に頼る傾向
   D6. 共感的覚醒 empathic arousal を調節する能力の障害。他者の苦痛の表現に関する関係性の欠如、それに耐えられないこと、過剰な反応性を示すことで明らかになる。

E. トラウマ後症状スペクトラム：子どもにPTSDの3つの症状群（PTSD診断基準のB～D）のうちで、2つ以上の症状群について、各群に最低1項目に該当する。

F. 障害の期間：上記のB～Eの症状が6ヵ月以上継続している。

G. 機能の問題：学業、家族関係、仲間関係、法的、身体健康面、および職業面のうち、2つ以上の領域で、症状のために問題が生じている（この項一部略）。

白川美也子・鈴木太：「トラウマから見た気分変動」『精神科治療学』29(5), pp.583-592, 2014

白川（西）美也子

精神科医、臨床心理士。「こころとからだ・光の花クリニック」院長。
東京女子医科大学女性生涯健康センター非常勤講師。
浜松医科大学卒業後、2000年度から2005年度まで国立療養所天竜病院小児神経科・精神科医長。2006年より行政に転じ、浜松市精神保健福祉センター初代所長、2008年4月より国立精神神経センター臨床研究基盤研究員、2010年に昭和大学特任助教を経て、2011年よりフリーランスとなり岩手県教育委員会からの招聘により東日本大震災後の学校支援に携わる。2013年に開業し、現職。
トラウマフォーカスト認知行動療法（ＴＦ-ＣＢＴ）の均てん化に取り組み、米国のＮＰＯであるＩＦＣＡと共に国際トレーナーを招いたトレーニングの開催を行なっている。
著書に、『トラウマのことがわかる本』（2019年、講談社）、『子どものトラウマがよくわかる本』（2020年、講談社）、共著に、『心的トラウマの理解とケア（第二版）』（2006年、じほう社）など。監訳書に『ＤＶ・虐待にさらされた子どもを癒す』（2006年、明石書店）、『子どものトラウマと悲嘆の治療』（2014年、金剛出版）、『子どものためのトラウマフォーカスト認知行動療法』（2015年、岩崎学術出版社）、『ＥＭＤＲ療法と子どもへの補助的アプローチ』（2021年、スペクトラム出版社）などがある。

赤ずきんとオオカミの
トラウマ・ケア
自分を愛する力を取り戻す〔心理教育〕の本

2016年5月26日　初版第1刷発行
2025年1月20日　第2版第1刷発行

著　者　白川美也子
発行者　今成知美

発行所　特定非営利活動法人ASK
発　売　アスク・ヒューマン・ケア
〒103-0014 東京都中央区日本橋蛎殻町1-2-7-1F
電話 03-3249-2551　FAX 03-3249-2553　URL www.a-h-c.jp
印刷所　明和印刷

定価はカバーに表示してあります。
本書の無断転載・複写複製（コピー）を禁じます。
落丁・乱丁本はお取替えします。

© Miyako Shirakawa, 2016　ISBN978-4-901030-22-9　Printed in Japan

アスク・ヒューマン・ケアの本

★マークのついた書籍は電子版もあり。くわしくはホームページwww.a-h-c.jpを

■《アスク セレクション１》
心の体質改善♥「スキーマ療法」自習ガイド ★
監修：伊藤絵美

「スキーマ」とは物事のとらえ方の土台となる価値観です。スキーマ療法は認知行動療法の進化形。本書はそのエッセンスを、日本における第一人者がガイドします。生きづらさの背景にある「心の体質」を変えたい人へ。

■《アスク セレクション２》
恥（シェイム）―生きづらさの根っこにあるもの ★
監修：岩壁茂

シェイムという感情は、感じること自体が恥や痛みにつながるため、たいていは自分の中でも隠されています。そして、虐待・依存症・トラウマとも深く関係しています。隠された感情による支配から抜け出すために。

■《アスク セレクション３》
依存症・トラウマ・発達障害・うつ「眠り」とのただならぬ関係 ★
監修：垣渕洋一　松本俊彦　栗山健一　白川美也子　堀内史枝　張賢徳

入眠困難、中途覚醒、昼夜逆転など、眠りをめぐる困りごとは、さまざまな心の問題と密接にからんでいます。また、発達障害と眠りとの関係も、見逃せません。なぜそうなる？　どうしたらいい？　各分野の専門家が、深い問題をわかりやすく解説します。

■《アスク セレクション４》
トラウマと依存症　脳に何が起きている？ ★
監修：友田明美　廣中直行

子ども時代の虐待によって、脳のどの部位が、どう傷つくのか、その実態が明らかになっています。過酷な状態への適応は、依存症やうつ病などのリスクにもつながります。傷ついた脳、依存した脳の回復とは？　トラウマの連鎖を防ぐためには？

■ アダルト・チャイルドが自分と向きあう本 ★
アスク・ヒューマン・ケア研修相談センター 編

子ども時代の環境や心の傷が、今の自分にどう影響しているのか？　過去を理解し、現在の自分を受け入れるための１冊です。各章のワークに取り組みながら、自分を苦しめているパターンがどこから来ているかを見つけ、癒していきます。

■アダルト・チャイルドが人生を変えていく本 ★
アスク・ヒューマン・ケア研修相談センター 編
ロングセラー「アダルト・チャイルドが自分と向きあう本」の続編です。新しい生き方をつくっていくためには、どうしたらいい？……自他境界や、対等なコミュニケーション、人間関係の育て方、セルフケアなどを学ぶ１冊。

■子どもを生きればおとなになれる ★
クラウディア・ブラック 著
人の責任まで背負い込んで人並み以上にがんばるのではなく、「自分を幸せにできる人」が本当のおとな。そのためには子ども時代の痛みから抜け出すことが必要──ＡＣ概念の生みの親が、４つの回復プロセスを解き明かします。

アルコール依存症〈回復ノート〉シリーズ
■１．「酒のない人生」をはじめる方法 ★
■２．「飲まない幸せ」を手にする方法 ★
■３．「家族」が幸せを取り戻すとっておきの方法 ★
特定非営利活動法人ＡＳＫ 編
わかりやすい解説、体験者のエピソード、ワークで構成されたシリーズ。ほのぼのしたイラスト付きで、治療機関のテキストとしても使われています。
３冊割引セットあり。

■［季刊ビィ］Be!　依存症・AC・人間関係…回復とセルフケアの最新情報
さまざまな依存症からの回復、ACや共依存の課題、トラウマからの回復など。治療・援助者にも役立つ最新情報が満載です。
年４回発行　年間購読がおすすめ！

通信セミナー「私を生きる」スキルⅠ～Ⅲ
Ⅰ 境界と人間関係　　Ⅱ「わたしメッセージ」と感情　　Ⅲ セルフケアと人生設計
具体的な場面を設定し、「自分だったら？」と問いかけていくワーク。マンガによる「課題のストーリー」に沿った添削のシート。……自分のペースで進めながら、普段は意識しなかった心の動きやクセ、人間関係上の課題に気づき、新しい方法を練習していきます。

出版物や通信セミナー等について、くわしくはホームページをご覧ください。
アスク・ヒューマン・ケア　www.a-h-c.jp
電話でのご注文は　TEL 03(3249)2551　月～金 10:00～18:00